JN309519

日々の祈り

神・自然・人間の大調和を祈る

目次

神を深く観ずるために

自然を深く観ずるために

人間を深く観ずるために

明るい人生観をもつために

人生のすばらしさを観ずるために

「病気本来なし」を自覚するために

神を深く観ずるために

神の愛に感謝する祈り

神さま、私は神の子であります。私はあなたの愛を一身に受けて生きています。私の魂《たましい》はあなたの愛に包まれて、平安であり、生き甲斐《がい》に溢《あふ》れ、歓《かん》喜《き》に満ちています。あなたの愛はこの空気であり、水であり、体内に燃える命《いのち》の炎《ほのお》であり、この肉体となって結実《けつじつ》しています。私の肉体は物質ではなく、あなたの愛の表現であります。その肉体が、私の意識によらずとも呼吸し、心臓を動かし、血液を通して栄養を体内の隅々《すみずみ》まで送り、消化し、異物《いぶつ》を取り除き、休息し、新しい細胞《さいぼう》を生み出し、古い細胞を掃除《そうじ》し、老廃物《ろうはいぶつ》を体外へ出してくれます。この精緻《せいち》・複雑、微妙《びみょう》にして調和がとれ、かつ安定した働きこそ、あなたの無限の愛の表《あらわ》れであります。私はただ、その愛の結晶《けっしょう》であるわが肉体を受け入れ、それに乗って神の愛を生きるのであります。あなたの御心《みこころ》を行じるのであります。

神さま、あなたは私に肉体をくださっただけでなく、肉体の外に広がる無限の宇宙の創造主《つくりぬし》です。宇宙は茫漠《ぼうばく》たる無の空間ではなく、神さまの愛が充ち満ちています。青い空、白い雲、深い海、緑の風、紺碧《こんぺき》の湖、雪を頂いた青い山脈、潺湲《せんかん》と流れる川、森、草原、黒い土、赤い土、黄色い土、虫と鳥、魚と獣《けもの》たち……すべてがそれぞれの場を与えられ、互いに与え合い、切磋琢《せっさたく》磨《ま》しつつ、神さまの愛を表現しています。神さまの知恵を表しています。神さまの命を顕現《けんげん》しています。私はその神さまの懐《ふところ》に包まれ、生かされ、喜びに満たされています。この生命の星・地球は、太陽のエネルギーで支えられています。すべてを燃やし尽くすほどの莫大《ばくだい》なエネルギーが、地球上ですべての生命を支えています。無数の生物たちがつくる生命の網《あみ》が、力を愛に変えています。それが神さまの知恵の働きです。神さまの知恵と愛と命が交《まじ》わるところ、それがこの地球です。

神さま、私は今あなたの実在を如実《にょじつ》に感じます——地球の生命を感じ、太陽の愛を観《かん》じ、宇宙の生かす力を感じます。私の肉体は物質ではなく、あなたの愛です。あなたの知恵です。あなたの命です。私を取り巻くすべての人々は皆、私と同じ神の子ですから、神さまの愛です。知恵です。命です。私の周囲のすべての生き物は、神さまの愛と知恵と命の顕現《けんげん》です。私の生きる環境は、地球は、宇宙は、すべて神の命の表現であります。それを知り、意識し、理解し、愛することができるから、人間は「神の子」と言われるのです。神さま、私は今、人間誕生の意義の荘厳《そうごん》さを感じます。意識し、知恵をもち、広大な愛の心をもった生命こそ、私たち人間です。人間こそ、あなたを意識し、あなたを知恵で理解し、あなたを愛することができる存在です。すべての存在に神性・仏性を感じることのできる私たちは、幸せです。神の子・人間として生かされている私は、幸せです。

神さまの御心《みこころ》を生きるのが、神の子・人間の使命です。知恵と愛と命あふれる生活を送ることが、私の使命であり、生き甲斐《がい》です。人生は、神の子の表現の舞台《ぶたい》です。この舞台があるからこそ、私は自己内在の神性・仏性を表現し、すべての人々とともに、すべての生物とともに、喜びを分かち合うことができます。その聖なる場を与え給いし神さまの無限の愛に深く、厚く、感謝いたします。ありがとうございます。

神の護りに感謝する祈り

私は今、神の御手《みて》に抱《いだ》かれている自分を観《かん》ずる。親様なる神の護《まも》りは完全にして、いかなる不幸も災《わざわ》いも私に触れることはできないのである。私は今、神の御手《みて》に支えられ、揺《ゆ》りかごの中の赤子《あかご》のごとく、安寧《あんねい》に満《み》たされているのである。親様なる神の護りの揺りかごは、すべての悪業《あくごう》、悪念、悪感情の波を、柔らかく暖《あたた》かく包み、善業《ぜんごう》、善念、好意の波に変える完全な防波堤《ぼうはてい》である。私は今、神の大いなる愛の庭に導かれ、緑の日差しの中で、愛らしい鳥のさえずりを聴《き》き、美しい花々に囲まれている自分を観ずる。神の創《つく》り給いしすべてのものは完全なり。苦しみはなきなり。争いはなきなり。病《やまい》も死もなきなり。神の大いなる愛の庭では、すべての生物が助け合い、与え合い、鍛《きた》え合い、導《みちび》き合って、神の無限の知恵を表現している。神の無限の生命《いのち》を表現している。神の無限の愛を実現している。私はそれを如実に感じ、知恵の目をもって見る。愛の心をもって完全に受け入れるのである。あぁ、ここは神の世界なり。善一元の実相世界なり。極楽浄土なり。

私は今、神の大いなる愛の庭に座し、「我は神の子なり」と宣言する。すると無数の声が、周囲から木霊《こだま》のように「我は神の子なり」と合唱するのを聴く。私は今、神の大いなる愛の庭に座して、「我は神と一体なり」と観ずる。すると無数の声が、押し寄せる大波のように「我は神と一体なり」と大合唱するのを聴く。私は今、すべての人々が自分と同じく神の子であることを知るのである。神の大いなる愛は、すべての人々を包み、すべての人々に知恵と愛と生命を満たし給う。私は今、神の大いなる愛の庭ですべての人々の心を観想《かんそう》するに、人類はみな一体であることを深く感じるのである。いや、人類だけでなく、すべての生きとし生けるものが互いに共生し、導き合い、教え合い、讃《たた》え合っている生命の響《ひび》きを感じるのである。存在のすべてが大調和している実相を観ずるとき、神の大いなる愛の庭は宇宙大に広がっていることを知るのである。存在のすべては、神の大いなる愛の庭にあり、それ以外に世界はない。しからば、私の周《まわ》りに悪因縁《あくいんねん》、悪業《あくごう》、悪念、悪感情があるように感じたのは、私の迷いであり、私の誤想《ごそう》がつくり出す蜃気楼《しんきろう》にすぎなかったのである。私はすでに調和してあり、私はすでに護《まも》られてあり。

私は今、神の大いなる愛を私の前に感じ、後ろに感じ、上に感じ、下に感じ、あらゆる方向に感じるのである。私の内部にも神の愛は充ち満ちてあり、私は神の愛そのものである。神の愛は偏《かたよ》らず、えこひいきせず、報《むく》いを求めず、ただ慈《いつく》しみ、ただ感じ、ただ与えるのである。その愛をわがものとすることが、神の護《まも》りである。神以外の〝悪〟はなきなり。神の愛を私のうちに感じることが、神の護りを得ることである。神はすべてのすべてであるから、肉体の〝私〟を別の何かから護るのではなく、私の意識が肉体を超え、周囲の人々の心へと拡大し、環境へと拡大すれば、私は神と一体となり、神の護りそのものとなるのである。

神さま、私は常にあなたの愛に護られてあり、知恵に満たされてあり、生命に溢《あふ》れています。神の護りなくしては、私は一分一秒といえども存在しえなかったのです。神さまの深き、厚き御護りに甚深《じんしん》なる感謝を捧げ奉ります。
ありがとうございます。

神の絶対の御徳を讃える祈り

「神さま」と私が語るとき、私はあなたの無限の知恵を思います。何百億年もの時間を通じ、〝無〟の空間から〝無限〟の宇宙を創《つく》り給い、その一点に生命の満ち溢《あふ》れる地球を創造し給うた知恵に、私は無限の憧憬《しょうけい》を感じます。宇宙に無数の法則を生み出し、その法則と法則をさらに上位の法則で秩序づけ給い、ついに自己複製を繰り返す生物を生み出し給うただけでなく、法則を超える自由意思をもった人間を誕生させ給うた知恵に、私は無限の美を感じます。そして、無数の生物が同一の法則にしたがいながら、無限の多様性を表わし、しかもそのすべてが美しく、力強く、豊かであることに驚嘆《きょうたん》し、私はその感動を語る言葉を知りません。

「神さま」と私が祈るとき、私はあなたの無限の愛に抱《いだ》かれます。あなたは私を愛するだけでなく、存在のすべてを〝はなはだ善《よ》し〟と承認され、愛されています。私はそれを信じます。神さま、あなたが創《つく》られたすべてのものは善であり、すべてのものはあなたの愛に包まれています。そして、神さま以外に創造主《つくりぬし》はありえないのですから、善でないものは存在しません。これが存在の実相です。神さま、私はそれを信じます。だからもし、私の前に〝悪〟のような姿が見えたり、感じられたりするならば、それは神さまが原因ではなく、私の不信仰が原因です。私の妄想《もうそう》の産物です。私の狭《せま》いものの見方が投影《とうえい》された仮相《かそう》であり、幻影《げんえい》です。私はそれを信じません。私はそれを実在と認めず、したがって執着《しゅうちゃく》せず、攻撃せず、戦いません。神さま、あなたに敵がいるはずがなく、私は神の子ですから、私にも敵がいるはずはありません。〝敵〟と見え、〝悪〟と感ぜられるのは、私の未熟な心が映《うつ》し出した影絵《かげえ》のような仮相です。

「神さま」と私が歌うとき、私はあなたの無限の力の直中《ただなか》にあります。あなたは地球上のすべての生物の活力の源《みなもと》であるばかりでなく、地球を自転させ、火山を爆発させ、温泉を噴き出し、津波を巻き上げる力を保有しておられます。それどころか、燃えさかる太陽を生み出し、地上に水を誕生させ、雨を降らせ、風を起《おこ》し、川をつくり、滝を落とし、大いなる大洋を形成した力の源泉《げんせん》です。あぁ神さま、私に理解できるのは、そのような太陽系のごく一部のことです。しかし、あなたは、太陽系のような小宇宙を無数に形成され、全宇宙を創造された偉大な力の保有者です。それとともに、私の目に見えない極《きょく》微《び》の世界にも力を及ぼされ、極微から極大までを大調和のもとに支配されています。私は今、その偉大な力を感じます。

「神さま」と私が静かに念じるとき、私は自己の魂の深奥においてあなたと一体であることを観じます。私は神の子ですから、あなたの無限の知恵、無限の愛、無限の力を、あなたから分ち受けていることを感じます。私はあなたと同じく知恵です、愛です、生命《いのち》です。私は物質ではなく、肉体ではなく、孤立した個人ではありません。神さまの知恵と愛と命の表現者として、すべての人々とともに生きる神の子です。だから、すべての人々と私とは一体です。摩擦《まさつ》や衝突《しょうとつ》は存在しません。すべての生物と私とは一体です。大調和の世界が今ここに在《あ》ります。

「神さま」と私が呼ぶとき、あなたは常に私の心に在《ま》します。私の周囲に在します。全宇宙に在します。私は今あなたの絶対の御徳《おんとく》を如実に感じ、讃嘆《さんたん》し奉ります。ありがとうございます。

普遍なる神の無限を観ずる祈り

神は無限であるから、神の創造し給う世界は無限である。神は知恵において、愛において、生命において無限であるから、神の創造し給う世界は知恵無限、愛無限、生命無限である。神はまた真・善・美を包蔵《ほうぞう》し給うから、神の創造《つく》られた世界は真無限、善無限、美無限である――我らがこう念ずるとき、我らの心には神の御徳《おんとく》の無限内容がアリアリと思い起こされる。まさにそのことが、我らが神の子であることを証明しているのである。

我らが五官で感じる現象世界は、常にどこにあっても有限である。空間は視力が及ぶ限界点で終り、見える色は色覚の範囲内にとどまり、聴《き》く音は周波数や強弱に限りがあり、臭《にお》いは茫漠《ぼうばく》として方向をもたず、触覚にいたっては絹と化学繊維《せんい》の区別もできない。我らの肉体の感覚はこのように有限であるにもかかわらず、我らの心は「無限」を想起することができる。想起するどころか、無限に憧《あこが》れ、それを希求《ききゅう》し現実化させるために、努力を惜《お》しまないのである。宗教家が、芸術家が、科学者が、職人が、スポーツ選手が、実業家が、発明家が、こうして自分の心に定めた「無限」に向かって日夜努力している。それは、神の世界の「無限」が我らの心の深奥《しんおう》にあって、我らを内部より突き動かしているからである。

だから、我らは「神の子」と言うのである。神の子は内に無限を蔵《ぞう》しているから、有限な感覚をもちながらも、その感覚で捉《とら》えた有限の現象世界の奥に、無限を観《かん》ずるのである。ある科学者は、無限なる「神」のイメージは人間の心が勝手に作り上げたものにすぎず、本当は神など存在しないと主張する。しかし、無限を感覚できない肉体をもちながら、人間の心に「無限」のイメージが生き生きと存在するという事実は、誰かがそのイメージを我らの心に植《う》えつけたことを示しているのである。その「誰か」とは、有限な肉体の中に閉じ込められた現象人間であるはずがない。

無限なる「神」のイメージは、神自身が我らの心に植えつけ、育てられたものである。我らが現象の肉体をこの地上に現わすはるか以前から、人類は「神」なるイメージを理解し、礼拝《らいはい》し、讃美し続けてきた。神のイメージは、神のみから来る。だから、神は実在するのである。そして、「神」を心に抱《いだ》く「神の子」としての霊的人間も実在するのである。ただそれらは、感覚世界を超えた実在世界にあるから、目には見えず、耳には聞こえず、肌で感じたり、嗅《か》いで知ることはできないだけである。

有限の現象世界には、無限なる神は存在しない。しかし、神そのものが存在しなくとも、〝神の痕跡《こんせき》〟があらゆるところに満ち溢《あふ》れている。〝神の痕跡〟とは、「無限」を想起させ、「知恵」を想起させ、「愛」を想起させ、「生命」を想起させ、「真」「善」「美」の感動を与えてくれるすべてのものである。

抜けるような青空、無限にきらめく星屑《ほしくず》、深い海、崇高な山脈、壮大な瀑布《ばくふ》、夥《おびただ》しい数の生物、その驚くべき多様性、形や色の美しさ、体の機能の優秀さ、それらが総合的に作用して現われる、さらなる進化、発展、共生、協力……。一つ一つの存在はみな、無限でも完全でもなく、また知恵に満ちていなくても、それらすべての関係を総合して観ずるとき、我らは「無限」を感じ、「知恵」を想起《そうき》し、「愛」や「生命」の尽きざる連続を知るのである。

あぁ、神よ。あなたは我が心の深奥におられるだけでなく、すべての人々の心の深奥で語り続けて来られ、今も語り続けておられます。あなたはこのように我が内部にあるだけでなく、我が四方四維《しい》にあり、宇宙に満ち、他のすべての生物の中にあり、外にあり、生物間の関係の中にあり、鉱物と生物間の関係を司《つかさど》り、恒星《こうせい》と惑星《わくせい》をつなげ、小宇宙を生み、大宇宙全体にみなぎり給う。その偉大なる神の御徳を実相に於《お》いて共有している我は、誠に幸せなるかな。我は神の無限の知恵、無限の愛、無限の生命と一体なり。無限に真なるもの、無限に善なるもの、無限に美なるものと我は一体なり。我「神の子」として、神の無限の御徳に深く感謝し奉る。神さま、有難うございます。

多様性の中に神を見る祈り

神は無限の知恵にてあり給う。神は無限の愛にてあり給う。神は無限の生命《いのち》にてあり給う。しかして、無限は「個」の中には表現できないのである。無限は「単調」ではあり得ないのである。無限は「孤立」してはいないのである。だから唯一絶対にして無限なる神が自己表現されるとき、それは「複数」となり、「多様」に展開し、「調和」が顕《あらわ》れるのである。無限は多数の有限となり、多様な特徴《とくちょう》となり、それぞれが互いに調和へと動き出すのである。現象世界から見れば、それは極小から極大への空間的拡がりとなり、始まりから終りへの時間の流れとなる。

現象世界は、唯一絶対にして無限なる神の自己表現の〝反映〟である。この〝反映〟は、人間の心という〝スクリーン〟の上に映るから、心の性質や変化に応じて不完全に認識されるのである。しかし、不完全な反映であっても、神の無限性を間接的に教えてくれるのである。我らが鉱物界、生物界、人間界を観察すれば、そのことは明らかである。宇宙全体が〝無〟の大きさから無限大に拡大しつつあること。宇宙の始原《しげん》では単一の元素《げんそ》、水素から始まり、続いてあらゆる種類の元素が生まれ、元素の結合によってあらゆる鉱物が生まれ、今もまだ生まれ続けているのである。生物は単細胞《たんさいぼう》生物から発して多細胞生物へと進化し、菌類《きんるい》や植物や動物が出現して、さらに多様化、複雑化が進んでいるのである。しかも、それらがすべて生物圏全体の調和と安定に支えられながら、自らも生物界の調和と安定を目指し、また自ら調和と安定を担《にな》っている。これらはすべて、神の無限性が有限を通して現象界に展開する姿である。

人類も単一の種でありながら、多様な種族、民族、国家へと分化、発展しつつあるのである。人間はみな神の子であるから、現象世界に現れれば複数の個性となり、多様な民族となり、互いの調和を求めて努力するのである。唯一絶対にして無限の神があるから、現象界には必ず複雑化、多様化、調和への動きが現れるのである。このことを深く知れば、「神の子」としての人間の生き方も、おのずから神の自己表現の展開に倣《なら》うことになる。

「神の子」である我は、「一《ひとつ》」にして「無限」である。自己内部から「我」を観ずるとき、それは統合された一つの自分であるが、外部との関係の中では、多様な性質と役割を表現するのである。そこには「子」であり、「兄弟」または「姉妹」である自分がある。「親」であり「叔父《おじ》・叔母《おば》」である自分がいる。「同僚」であり「部下」であり「上司」である自分が存在する。また、「夫」あるいは「妻」である自分がある。これらの役割の中で、一つの個性が多様に展開し発展するところに、人生の真実と、善《よ》さと、美しさがあるのである。これらの多様な関係の中で、知恵と愛と生命を駆使《くし》するところに、人生の意義と目的があるのである。

真・善・美は、唯一絶対にして無限なる神の御徳《おんとく》である。知恵・愛・生命も、唯一絶対にして無限なる神の御徳である。それらを人生に於《お》いて表現することができる人間は、実に「神の子」以外の何ものでもない。この世界では、これらの神の無限なる御徳が物質界、生物界に多様に展開している。

しかし、鉱物や生物はその事実を「意識して」は行動しない。鉱物や生物は真・善・美を無意識に「体現」することはできても、それら神の御徳を理解する知恵をもたず、愛する心をもたず、自ら表現しようとする意志をもたない。ただ人間のみが神の御徳を感じ、理解し、愛することができるのであり、かつ自らの意志によってそれを表現しようとするのである。だから人間は、神の御徳の最も完全な顕《あらわ》れであり、これを「神の子」と称するのである。

あぁ、わが親さまなる神よ、私は今、この世界の無限なる多様性の中にあなたの御徳を観じます。私があなたの無限の御徳の理解者であり、表現者であることの重大なる意味を知ります。私が「神の子」であることに感謝いたします。私は「神の子」として、知恵と愛と生命力を駆使して、わが人生に真なるもの、善なるもの、美なるものを表現することを誓います。ありがとうございます。

想念を浄めて神に見《まみ》える祈り

我は今、五官の感覚によって立ち現われ、立ち騒《さわ》ぐ世界から心を放《はな》ち、神の創《つく》り給う実在の世界に心を振り向けるのである。我が前に見え、聞こえ、感じる世界は仮《かり》の世界であり、我が心の映《うつ》しである。それは実在でなく現象であり、本来無い世界である。神は完全であるから、神の創られたすべての実在は完全である。完全なるものは磨耗《まもう》せず、故障《こしょう》せず、朽《く》ち果てず、壊《こわ》れない。我が前で磨耗し、故障し、崩《くず》れ、消えゆくと見えるものは、本来無いものであり、実在しない。我はそれら変転《へんてん》する現象から心を放ち、その〝奥〟にある真実存在に心を振り向けるのである。

神の創造は磨耗せず、故障せず、朽ち果てず、壊《こわ》れず、金剛不壊《こんごうふえ》にして、精妙《せいみょう》なり。無限のデザインを包蔵《ほうぞう》し、多種多様でありながら、秩序に満ちている。千変万化の様相を含《ふく》みながら、統一原理が支配する中心帰一の世界である。我が前の現象は、その神の創造のごく一部を、磨《す》りガラスを通して一瞬覗《のぞ》いた時の、不完全な印象のようなものに過ぎない。それは粗雑《そざつ》であり、欠落《けつらく》があり、漠然《ばくぜん》とし、デザインは乏《とぼ》しく、時間がたてば崩れゆく。磨りガラスの映像は実在にあらず。その〝奥〟に金剛不壊にして無限の美を抱《いだ》く実在あり。それが神の創造である。

神は無限の知恵なるがゆえに、神の創造になるすべての実在は、互いに矛《む》盾《じゅん》し、撞着《どうちゃく》し、紛争し、衝突《しょうとつ》することはないのである。我が前に展開する現象が互いに矛盾撞着し、ぶつかり合っているように見えても、それは我が心に〝磨りガラス〟があり、我が民族や国家に〝磨りガラス〟があり、ヒトという生物種に〝磨りガラス〟があるからで、それらが重なり合って、実在世界を曇《くも》って見せているに過ぎない。無限の知恵に溢れた大調和の世界が「そこ」にあるのに、人間の心の「曇り」がそれを覆《おお》い隠《かく》しているのである。

神は無限の愛であるから、創造《つく》られたものを破壊《はかい》し、傷つけ、死に追いやることはありえないのである。破壊し、傷つき、あるいは死ぬと見えるものは、神の創造の「本体」ではなく、本体が我が心に映《うつ》った「現象」であり「影」である。皮膚《ひふ》の表面の細胞が壊《こわ》れて垢《あか》となるのは、神が皮膚を破壊するのではなく、役割の終った細胞《さいぼう》が、後から来る細胞のために現象世界から姿を消す過程《かてい》にすぎない。垢が落ちれば、艶《つや》やかな新しい皮膚がそこにあり、肉体は少しも破壊せず、傷つかず、死んではいない。これと同じことが、全身で行われていることを思え。一見、破壊や死のように見えるものは、実は生命表現のための愛深い自動装置が正しく機能している姿である。

神は大生命であるから、こうして一個の生命表現を可能ならしめているだけでなく、無数の生命の表現を可能とする道を用意し給うのである。「細胞の死」が本当の死や破壊でないのと同じように、「肉体の死」も神の創造の放棄や破壊ではない。神は、わずか一個の肉体による表現を我らに与え給うのではなく、次なる体《たい》を、また、次の次なる体をも用意されて、我が神の子の無限性を引き出し給うのである。次なる体を得るためには、「この肉体」を棄《す》てねばならない。それは、神の創造を放棄するのではなく、神の創造を表《あらわ》し、神の子の表現を進展させるためである。神は大生命であるから、死を生むことはないのである。

「この肉体」は、だから本当の我《われ》ではない。それは、皮膚の垢が肉体全体でないのと同じである。「この肉体」の限界は、だから我の限界ではない。我は次なる生において、新たな方面に伸びゆくのである。「この肉体」の欲望は、だから肉体を超えた真の我《われ》の欲望ではない。そして、欲望から生じる様々な想念も、本当の我の想念ではない。我は肉体の想念を超越《ちょうえつ》した神の子である。

我が想念は、神の御心《みこころ》と一体なり。我は大生命なる神の分身として、表現の場を変えながら無限進歩を続けるのである。

我は今、無限の愛、無限の知恵、無限の生命である神の分身として、歓喜に満たされてあり。我、神に無限の感謝を捧げ奉る。ありがとうございます。

神の真・善・美の御徳を讃える祈り

私は今、神さまの御前《みまえ》に立ち、大宇宙の実相を観じます。神さま、あなたはこの大宇宙を創造された唯一の創造主《つくりぬし》であられます。神さまの御心《みこころ》が動いてこの宇宙が形成されたのですから、全宇宙には神さまの御徳《おんとく》である「真」

と「善」と「美」が満ち満ちています。私はそのことを肉眼で見ることができなくても、自分の魂の底を流れる命の振動で知ることができます。私の肉体は、その霊的振動が物質的な形をとって表現された姿です。だから、私の肉体も「真」の反映である法則にもとづき、より高い「善」に向って伸び続け、それによって「美」を表現しつつあるのです。私自身が神さまの懐《ふところ》に包まれ、神さまの御徳を体現しつつあるのです。

私は今、神さまの大いなる懐《ふところ》に抱《いだ》かれつつ、自然界の変化について観想《かんそう》します。自然界に四季が起こるのは、地球の自転する軸《じく》が傾《かたむ》いているからだと科学者は説明します。しかし、なぜそれが傾いているかについては説明しません。このわずかな傾きと時間の経過によって、季節が生まれました。雨は雪となり、地を一面の銀世界に変え、植物は休息し、動物は夏毛《なつげ》を落として冬毛に着替え、また冬眠し、あるいは大陸間を羽ばたいて渡ります。「真」の表現としての法則が地球の表面の温度を変化させ、その変化に対応して生物は形態を変え、生態を多様化させ、秩序と発展という「善」を現します。そして、この変化の過程の中で無限の「美」が展開していきます。

神さま、私は今、あなたの御徳である「真」と「善」について深く観想します。自然界に法則が存在することで、秩序が生まれます。法則がなければ事物は無秩序に変化するため、物質は一定の形を留《とど》めず、時間もバラバラに経過します。そんな混乱の中では、Aを行えばBが得られるとの保証もないため、生物は生き続けることができません。こうして「真」なる法則から「善」なる秩序と発展が生まれることを想《おも》うとき、私は神さまが目に見えなくても、この大自然、大宇宙の全体を覆《おお》う偉大なる創造主《つくりぬし》であることを明らかに知ることができます。

私が呼吸するとき、それは一定量の酸素を肺に吸入《きゅうにゅう》して酸素を燃やす活動ですから、物理的法則と化学の法則が働いているのであり、私は神さまと共にいます。私が歩くとき、それは体内の糖分《とうぶん》をエネルギーに変え、脚の筋肉を動かすことですから、化学と物理の法則によって前進するのであり、私は神さまと共に歩くのです。私が食事するとき、それは顎《あご》や胃腸の筋肉を動かしつつ消化液を分泌《ぶんぴつ》し、水分や栄養素を体内に取り入れるのですから、私は物理・化学の法則を通して神さまから恵みを受け取るのです。私の一挙手一投足《いっきょしゅいっとうそく》は、こうして神さまの御徳である「真」と「善」の表現であることを私は観じます。

神さま、私は今、あなたの御徳である「美」について観想します。自然界の美は、法則と秩序から生まれます。秋になって山の木々が一斉に紅葉するのは、気温や水分が一定の条件になったときです。それは、法則にもとづいて素直に生きる植物の生命《いのち》が表現された姿です。紅葉した木々は、冬に向って惜《お》しげもなく葉を落としますが、それは死に至るためではなく、若葉萌《も》え出る春を迎えるための準備です。植物に生かされている動物は、花や実や花粉からエネルギーを得、そのエネルギーで子孫を殖《ふ》やすばかりでなく、植物の交配を助け、種《たね》を運搬し、死して植物に栄養を返します。生物の個体は一見「死」ぬように見えても、全体で命を支え合い、発展へと前進しているのです。ここに「真」なる法則が生物を生かし、「善」なる成長と発展を現し、「美」を表現する大調和の世界があります。

神さま、私は今、大宇宙、大自然の奥に、あなたの真・善・美の御徳を観じ、神の子としての使命を感じます。人間に「意識」があり、あなたの御徳の偉大さを意識的に知ることができることに感謝いたします。「意識」をもたない大多数の生物は、神さまの御徳が何であるかを知らず、神さまの御徳を自ら生きつつもその事実に気づきません。しかし私は、あなたの存在を意識的に知ることができる神の子です。子が親を意識し、親をまねることで自分の本性を表していくように、私はあなたの真・善・美の御心を常に意識し、神の子の実相を現していきます。「真」に従い「善」を生きるとき、「美」が現れることを教え給う神さまの愛に、心から感謝いたします。ありがとうございます。

観を転換してものの真価値を知る祈り

私は今、神の御前《みまえ》に座し、次のことを沈思黙考《ちんしもっこう》する――

「神は真・善・美の根源であり、知恵と愛と生命の本源にてあり給う」

「神は真・善・美の根源であり、知恵と愛と生命の本源にてあり給う」

私はこのことを確認し、心の底から「真実なり」と観ずるのである。

さらに私は、次のことを心の中で繰り返して念ずる――

「神は、すべての善きものの原因者であるとともに、すべてのものの唯一の創造主《つくりぬし》にてあり給う」

「神は、すべての善きものの原因者であるとともに、すべてのものの唯一の創造主にてあり給う」

私はこのことを心に想起し、「真実なり」と確信するのである。

この二つから導かれる真理は、次の通りでなければならない――

「すべての存在は神の造られたものであるから、価値のないものは何一つ存在しない」

「すべての存在は神の造られたものであるから、価値のないものは何一つ存在しない」

私はこのことを確信をもって「真理なり」と宣言するのである。

すべてのものが神の創造として価値あるものであるならば、私は万物を誉《ほ》め、万物に感謝し、万物を愛することができるのである。「大調和の神示」は、そのことを示して「天地の万物に感謝せよ」と教えているのである。もし私が、周囲にあるものを「偽《いつわ》り」と見、「悪」と断じ、あるいは「醜《みにく》い」と感じるならば、それは神が間違っているのではなく、私が間違っているのである。私の「ものの見方」が間違っているのである。私の「感覚」が真実をとらえていないのである。狭《せま》い視野に限られた、私の「判断」が過っているのである。真実であるのは、すでに私が宣言したように、「すべての真実存在は神の創造であるから、貴《とうと》い価値をもっている」ということである。

もし私が、周囲に「偽り」や「悪」や「醜《みにく》さ」を認めるならば、それは真実存在を見ているのではない。私の心で作り上げた〝見せかけの存在〟を真実存在だと見誤《みあやま》っていたのである。私自身の内心の「恐怖」や「迷い」や「暗い感情」を、外界のスクリーンに投影《とうえい》して、それが映像ではなく、真実存在だと誤解していたのである。あるいは、私の肉体の感覚器官が「そうある」と認めるものを、その通りの真実存在だと勘違《かんちが》いしていたのである。私は、感覚器官が完全でないことを知っているにもかかわらず、それが伝える「色」や「形」や「味」や「肌触り」や「音」や「匂い」や「動き」が、その通りに真実であると即断《そくだん》していたのである。それらはみな「現象」であり「実相」でないことを忘れていたのである。

私は今、神の御前《みまえ》に座し、このことを再び確信をもって宣言する――

「神はすべての善きものの原因者であり、すべてのものの創造主《つくりぬし》であるから、すべての真実存在は価値あるものである」

「神はすべての善きものの原因者であり、すべてのものの創造主であるから、すべての真実存在は価値あるものである」

私は今、このことを確かに知ったのであるから、真実存在なる神の真・善・美の御徳に心を振り向け、知恵と愛と生命の表現として、周囲のすべてのものを観じ、礼拝するのである。この「観の転換」により、私は現象の真偽《しんぎ》、善悪、美醜《びしゅう》を超えた真実存在の実相を、心眼をもって観ずることができるのである。なぜなら、私は「神の子」として、神のすべての御徳をわがうちにもつからである。私の自覚が肉体の個我を超え、すべてと一体なる神の自覚にまで拡大するとき、肉体の感覚を超えた真実存在の実相が、私の眼前に展開されるのである。

私はすべての真実存在と一体なり。天地の万物は神の表現として完全円満なり。私は今、神と天地のすべてのものの価値を深く、切実に観ずるのである。私は神とすべての存在に、心の底から感謝いたします。ありがとうござ

と地球の間の引力の法則から来たものです。だから神さま、秩序とは、法則としてのあなたの御徳の表れであります。ですから、法則を学び、秩序を重んじることは、神さまの御心《みこころ》を生きる大切な行為です。

法則はまた「厳格《げんかく》」であり「厳密《げんみつ》」であることを、私は知っています。それは神さま、あなたが冷厳・冷徹であるということではありません。円の面積が常に「πr^2」であることは、神さまが冷たい心の持ち主であることを全く意味しません。それどころか、そこに法則があるということは、ある事実（r）が分かれば、それに関係した他の事実（πr^2）も常に、正確に知ることができるということですから、神さまは法則として表れることで、私たちに多くの選択肢と可能性を与えてくださっているのです。もし法則が厳格・厳密に事物を支配していなければ、力学にもとづいて航空機や船舶を設計しても、それが安全に飛行したり航行する保証がないため、私たちの行動範囲や可能性は大幅に縮小されることになります。厳格・厳密なる法則は、それを知る者の自由を制限するのではなく、自由を大幅に拡大してくれるのです。

神さま、私は今、法則は「自由」の別名であることを確認します。この宇宙には、法則としてのあなたの力が支配しているので、私たちはそれを知り、法則に従って動き、道具を作り、事物を動かすことで、摩擦《まさつ》や軋轢《あつれき》を最小限にして目的を達成することができます。法則は、私たちの行動の自由を保障してくれているのです。また、法則が厳密に事物を支配しているので、私たちがもし間違った心を起し、あるいは間違った行動をした場合は、望まない現象が結果として現れるので、私たちはそこから正しい心、正しい行動を学ぶことができるのです。その意味で、法則として働いてくださるあなたは、私たちの尊い師であると共に、自由を保障してくださる愛深い親さまです。

神さま、私は今、法則として現れているあなたの、もっとも深い御心《みこころ》を知ることができます。神さまは天地万物の創造主《つくりぬし》であられますから、天地の万物をいかようにも創造することができました。しかし、万物を無秩序、無原則に創られることなく、宇宙を貫く法則を顕《あら》わし、それにもとづいて天地万物を創造せられたことで、秩序が生まれ、自由が保障され、自由意思をもった私たちのような人間が、生き甲斐をもって活動する道が与えられ、さらに法則としてのあなたを知る「知恵」が成立することになりました。法則のおかげで科学が成立し、法則の利用によって技術が生まれ、進展し、人類は自由を拡大し、しかも法則に護《まも》られています。これらすべてのことが、神さまが私たちを愛し、私たちの成長を期待され、私たちを信じてくださっている証拠です。

神さま、私はあなたのこの大いなる愛に応《こた》えるため、法則を守り、秩序を尊重し、自由を正しく行使し、常にあなたの愛なる御心《みこころ》を行じることをここに誓います。ありがとうございます。

真・善・美なる神を内に自覚する祈り

私は今、呼吸を整《ととの》え、心を静めて、わが心を広く、深く観想《かんそう》するのである。

私の目の前には、青く、静かな海が茫々《ぼうぼう》と広がっている。その遥《はる》かな水平線の彼方《かなた》からは、明るく、鮮やかな大空が立ち上がり、巨大な刷毛《はけ》で豪快に描いた白雲が、天空に達する高みへと私を誘《さそ》うのである。その大空の奥へとさらに進めば、空の青は海の青へと深まり、やがて無数の星々がきらめく宇宙に達するのである。私は太陽を見、太陽系を構成する惑星《わくせい》を眺《なが》める。さらに太陽系を超えた先に銀河系が展開しているのを認め、天の川の星くずの輝きに目を凝《こ》らすのである。こうして、私の心が宇宙の広がりを観想できるのは、私の中に宇宙があるからである。

私は今、宇宙の広がりを観想する心をもって、その宇宙を支配する法則を想《おも》うのである。宇宙に展開する数限りない星々は、無秩序にそこに散乱《さんらん》しているのではない。すべての星々は、万有引力《ばんゆういんりょく》の法則によって、一糸《いっし》乱れず自転・公転を繰《く》り返している。法則そのものは目に見えないが、目に見えるすべてのものを支配しているのである。法則は、時間の経過によって揺《ゆ》らぐことなく、すべてを支配する。距離の遠近によって変わることはなく、すべてを支配する。これを「真《しん》」という。常住不変《じょうじゅうふへん》なものが「真」である。時間や距離の変化にしたがって変わるものは、仮の相《すがた》――すなわち「偽《ぎ》」である。宇宙空間には、常住不変の法則が遍満《へんまん》しているのであるから、「真」が満ちているのである。そして、私がその「真」なる宇宙を観想できるのは、私の心に「真」があるからである。

私は今、宇宙遍満の「真」を観想する心をもって、その真なるものがもたらす効果を想うのである。「真」は「真理」であり「法則」であり、常に変わらない原則である。地球の引力が一定の力で地上の物体を引きつけるという法則が、常に変わらずに、地上をくまなく支配していることによって、植物の根は地下へ伸び、茎《くき》は空の方向へ伸び、動物の骨格や筋肉は正常に働くのである。植物と動物のおかげで生存している人間は、したがってこの「真」なる法則によって地上生活が初めてできるのである。地上を支配するその他の諸法則が数多くあるために、科学は成立し、それを利用して技術開発が行なわれ、経済は発展し、医学は進歩するのである。これらの進歩・発展は、人間に喜びをもたらすものだから「善」である。こうして「真」は「善」を生み出していくのである。

子どもが成長して、個性や能力を発揮《はつき》するようになることは「善」である。その子がさらに成長して、他人の喜びを自ら喜ぶようになることは「善」である。家族がふえて、共有できる喜びが増すことは「善」である。社会が調和して発展することは「善」である。国と国とが相互扶助《ふじょ》し、足らざるを補い合って栄えていくことは「善」である。人間と自然環境が与え合う関係に立つことは「善」である。「善」とは、一つの個体が他を凌駕《りょうが》・征服して時間・空間的に伸び広がっていくことではなく、個体と個体が扶《たす》け合いながら共存共栄し、全体として多様性を実現していくことである。自然界は単調でなく、多様性に満ちているから「善」である。宇宙は単調でなく、多様性に満ちているから「善」である。そして私がこれらの「善」を心に描き、理解できるのは、私の心に「善」があるからである。

私は今、宇宙に満ちる「善」を観想するとき、それがすなわち「美」であることを直観するのである。単色は、色の組み合わせから生まれる美に劣《おと》るのである。墨絵《すみえ》のようなモノトーンでも、墨に濃淡《のうたん》の段階が無数にあるところに「美」が感じられるのである。白地に墨一色の書でも、単調な直線だけでなく、曲線や掠《かす》れや滲《にじ》みが組み合わさることで「美」となるのである。だから、一の拡大でなく、多の共存が美しいのである。単一性でなく多様性が美しいのである。自然界は多様であるから美しく、宇宙も多様であるから美しい。そして、これらの「美」を観想し、理解し、感動できるのは、私の心に「美」があるからである。

神さま、私は今、自分の心の中に真・善・美があることを知りました。真・善・美とは、神さまの御徳です。私が真・善・美を求め、愛する心は、神さまの御心の反映です。だから、私は神の子です。神の子の生き方とは、真・善・美を愛し、表現することです。私は今後、「わが内なる神」を明らかに自覚して、神の子の生き方を実践することを誓います。ありがとうございます。

神の無限供給を観ずる祈り

私は今、神の無限供給の大海原の前に座すのである。神は無限にして、すべての善《よ》きものをその内に蔵《ぞう》するのである。私は今、その善なる大海原を見渡すに、悪しきものはどこにも認められないのである。すべて善きもののみが充満せる大海原が我が前にあり、私はその豊かなる香りを胸いっぱいに吸い込むのである。ここに生命の充満せる豊饒《ほうじょう》なる大海あり。私は目と鼻によってそれを感じるのである。私は今、無限に深い色をもつ海と豊かな潮《しお》の香に包まれているだけでなく、岩に砕《くだ》ける大波、ひた寄せる細波《さざなみ》、沖へ引いていく波の音を聴《き》くのである。この力強い音、繊細《せんさい》な囁《ささや》き、心躍るような円《まろ》やかな響きは、神の無限相の一端《いったん》を示している。

海は単なる水に非ず。神の無限の美と無限供給が今ここにあり。私はそれを身近に観じつつ、この善なる大海に沈潜《ちんせん》するのである。私の周囲に、神の無限の生命《いのち》あり。神の無限の知恵あり。神の無限の愛あり。神の無限の調和あり。神の無限の供給あり。私は神と一体なり。私は神の無限の大海に満ち広がるなり。我が体は神の豊饒の大海と一体なり。

神はこの大海のごとく無限供給にてあり給い、必要なものに何一つ欠けることはないのである。したがって、神の創造せられた世界には欠乏や不足はないのである。神の無限供給の大海には、すべての善なるものが備《そな》わっているのである。もし私が欠乏を感じているならば、それは神の与えられている

「恵み」の方向を見ず、一時的に「欠けた」と感じる方面にのみ注意を向けているからである。肉眼を閉じ、肉体の嗅覚《きゅうかく》や聴覚《ちょうかく》に頼《たよ》ることなく、神の無限供給を観ぜよ。神の無限供給の大海の只中《ただなか》にいて、不足を心に思い描くことなかれ。感覚は、刺激が繰り返されれば無感覚へと向うのである。神の無限供給は感覚によってとらえられず、心で認めることで存在の世界に入るのである。私は今、神と一体となり、神の無限供給を心で観ずるのである。私はすでに、神の無限供給の大海の只中にあり、それを観ずることができるのである。

何ごとも、供給の流れは一本調子ではない。無限は時間と空間を通じて、順序を踏《ふ》み、リズムをもって表現されるのである。太陽エネルギーが地球上に注ぐのも、一本調子ではない。そこには朝があり、昼があり、夕べがあり、夜がある。エネルギーの供給量に強弱があり、また供給が止まる時間もある。気候にも春夏秋冬があり、雨期があり、乾期《かんき》がある。人体に酸素や栄養素を運ぶ血液の流れも、心臓の収縮《しゅうしゅく》にともなって強いときと弱いときがある。呼吸をするにも、吸うときと吐くときが必要である。体内のホルモンの分泌《ぶんぴつ》も、昼と夜とでは種類も分量も違っている。これらの供給のリズムの一部だけを見て、「強」のときに神に感謝し、「弱」のときに神を呪《のろ》うものは愚《おろ》かなるかな。供給の一時的「進行」が神の御業《みわざ》であり、次に来る一時的「停滞《ていたい》」や「退歩」は神と無縁だとする者は愚かなるかな。

神の無限供給は「＋《プラス》」と「－《マイナス》」のあるリズムを通じて、現象界に表現されるのである。私は今、現象の「＋」にも「－」にも、神の無限供給のリズムを感じる。温度に「高」と「低」があることで水や大気は循環《じゅんかん》運動を起し、海流や気流を生み出すのである。それに乗ってプランクトンや鳥や昆虫は移動し、豊かな生命を地上に現出する。それと同じように、私も神から与えられた「＋」を他へ回すことをしなければ、無限供給のリズムは停止するのである。神の無限供給の流れは閉塞《へいそく》するのである。人生の「＋」のときに「－」の人々がいることを思い、他へ「＋」を回すことを考えよ。人生が「－」に転じたと見えるとき、すでに与えられた「＋」を思い出し、感謝の気持をもってさらに他に与えよ。こうして、神の無限供給は現象界において循環するのである。

私は今、神の無限供給の大海の中にいて、表現の世界である現象を思う。現象の世界は作曲家の並べる音符《おんぷ》や休符のように、時間の流れの中で一つずつ展開するのである。上がる音符もあり、下がる音符もある。連続音もあれば、無音の時もある。それらが組み合わさって、初めて美しい音楽となる。私は今、神の無限供給を自らの心で表現する作曲家であることを知り、人生の歩みの上昇も、下降も、無音の休憩時も、感謝の思いで見つめることができるのである。神の無限なる愛と恵みに感謝し奉る。ありがとうございます。

天照大御神の御徳を讃嘆する祈り

天照大御神《あまてらすおおみかみ》は太陽の象徴《しょうちょう》であるとともに、「与える愛」の象徴である。イザナギの命《みこと》から生まれた三貴神——天照大御神、月読命《つくよみのみこと》、須佐之男命《すさのおのみこと》——は、それぞれ太陽、月、地球（海）の象徴である。天地創造の神、イザナギの命《みこと》の左《ひだり》（日足《ひた》り）の目を洗われたときに誕生したのが天照大御神であり、右（水極《みぎ》）の目を洗われたときに誕生したのが月読命であり、そして最後に鼻を洗われたときに建速《たけはや》須佐之男命が誕生した。このことから、地球（海）は日の神（陽）と月の神（陰）との大きな影響下にあることが分かるのである。天照大御神は太陽神であるとともに、実相世界を人格的に象徴《しょうちょう》している。月読命は、月の神であるとともに霊界の人格的象徴である。そして、須佐之男命は地球の神であるとともに物質界を人格的に象徴している。

この三貴神のうち、実相世界を担当する天照大御神が、創造の大神の御徳を最もよく引き継いでおられるのである。実相世界の光輝燦然《さんぜん》たる無限のアイディアが具体的に物質世界に表現されるためには、霊界の援助と地上における人間の活動が必要である。人間の活動は、しかし実相世界の〝光〟から切り離されてはうまくいかないのである。古事記の神話で須佐之男命が創造の神から「地球を治めよ」と命令を受けても、それを行わず、また天照大御神の意志に反して乱暴狼藉《らんぼうろうぜき》を働くのは、物質の量や力だけでは秩序や平和は訪れないことを示している。そこに天照大御神からの実相の〝光〟、「与える愛」の力が働かなければ物質世界、この現象界は無秩序の混乱に陥《おちい》るのである。

このことを知り、われは今、天照大御神の実相の光、与える愛の力の尊さをあらためて誉《ほ》め讃う。われは今、実相世界の真の我《われ》を観ずる。天照大御神の御心われに流れ入りて、わが心を満たし給う。天照大御神の生命《いのち》われに流れ入りて、わが生命《いのち》となり給う。わが心は天照大御神の愛の心に満たされている、生かされている、満たされている、生かされている。天照大御神は「愛なる神」の別名である。キリストの愛の別名である。自ら与えて代償を求めない「アガペー」の象徴である。また、三十三身に身を変じて衆生《しゅじょう》を救い給う観世音菩薩《かんぜおんぼさつ》の別名である。われは今、天照大御神と一体となり、地上のすべての人々、生きとし生けるものに愛を与えるのである。天照大御神の愛は無限であるから、われもまた無限に愛を与えてもなお減ることはないのである。

われは今、天照大御神の表現である太陽を心にアリアリと観《かん》ずる。太陽は、「与える愛」「生かす愛」「仏の慈悲《じひ》」の象徴である。天文学が教えるように、地球や月は太陽から弾《はじ》き出されてできた惑星《わくせい》であり、太陽の引力のおかげでその周囲を公転する。地球は、太陽なくしては宇宙の無の空間に吸い込まれ、闇《やみ》の彼方《かなた》へ退くほかはないのである。鉱物《こうぶつ》としての地球は、太陽の引力と恒《こう》星《せい》としての〝燃える力〟なくしては、「死の星」と化さざるを得ない。生命はそもそも生じず、生じても極寒《ごくかん》の中でたちまち死滅《しめつ》するほかはない。しかし、太陽が地球や月を引力でとらえ、莫大《ばくだい》なエネルギーを注《そそ》ぎ続けたために、地上に生命が誕生した。生命は太陽エネルギーを受け、自らの力で新たな生命を生み出すのである。同種の生命を生み出すだけでなく、ときに変異《へんい》して新たな種《しゅ》を生み出し、それらが同様に同種・別種の生命を次々と生み出すことで、地球上には生物が溢れ、互いに繁栄するに至っている。

これらはすべて、太陽の「無償の愛」の業績《ぎょうせき》である。太陽は、地球から何の報《むく》いを得なくとも、無限に与え続けるのである。この偉大な力によって、地上に多様な生命と生態系《せいたいけい》が出現し、おびただしい数の生命が支えられていることを思うとき、人類も「与える愛」を駆使《くし》することで、地上の平和と秩《ちつ》序《じょ》と、多様なる生命の共存共栄を実現できることを知る。われは今、天照大御神の日子《ひこ》・日女《ひめ》として、その高邁《こうまい》なる目標を掲《かか》げて生きるのである。われ今、天照大御神の御徳を讃嘆《さんたん》し奉り、大神の日子・日女として喜びをもって使命遂行《すいこう》に邁進することを誓い奉る。ありがとうございます。

自然を深く観ずるために

「すべては一体」と実感する祈り

神はすべての存在の創《つく》り主《ぬし》にてあり給う。我《われ》は神の子として、神の創り給《たま》いしすべての存在の懐《ふところ》の中に抱《いだ》かれているのである。だから我は、すべての真実存在と一体であり、すべての真実存在は我と一体にして、我を包み、庇《ひ》護《ご》し、安らぎを与えてくれるのである。真実存在は神の表《あらわ》れであるから、相互に不和はなく、不調和はなく、戦いや争いはないのである。我とすべての真実存在も、だから大調和の中で神の愛に包まれているのである。

鳥たちのさえずりは、神の無限生命の表れである。遠く近く、長く短く、華やかに時に静かに、多様に、絶妙な調和の中に、鳥たちが呼び交わす数々の声は、そのまま天上の交響曲である。森林を風がわたる低い和音、虫の声、小川の流れ、蛙《かえる》の合唱、キツツキの槌《つち》の音。どれ一つとして互いに調和しない音はない。驟雨《しゅうう》の音、雷《かみなり》の轟音《ごうおん》、木の裂《さ》ける音でさえ、神の無限生命力の表現である。

神の無限の美が、すべての存在に満ち溢れているのである。だから神の子・人間は、すべての真実存在に美しさを感じ、喜びを見出すのである。空の青と雲の白は、神の無限の美の表れである。輝く新緑と黒い木々の枝、若葉と森の深緑《しんりょく》のコントラストを見よ。花々の鮮《あざ》やかな色、微妙な色の移《うつ》ろい、葉の緑の中でそれらが生み出す対照の妙を見よ。その対照を感じて、虫たちが花を訪れ、神の愛の使者として植物を受粉させ、新たな生命の進展を用意する。植物が実をつければ、その色の信号を合図に鳥たちが訪れ、豊穣《ほうじょう》の香りと味と滋養《じよう》を得て、神の知恵に導かれつつ植物の種《たね》を遠方に伝播《でんぱ》する。植物は虫や鳥に愛を与え、虫や鳥は植物の命の発展に協力するのである。そこに神の生命があり、愛があり、知恵が表れているのである。

我らは神の子であるから、それら自然の営《いとな》みの中に神の無限の知恵、無限の愛、無限の生命力を如実に感じるのである。神の無限の生かす力をすべての真実存在の中に感じるのである。感じるとは共鳴することである。我《わ》がうちに神の無限の生かす力がすでにあるから、自然界に現れる神の力に共鳴することができるのである。だから我は神と一体であり、すべての真実存在と一体である。我は神に生かされており、すべての真実存在に生かされている。それは、物質的栄養を得ているのではない。物質は、真実存在の仮の相《すがた》である。物質は、真実存在が人間の頭脳によって翻訳《ほんやく》された姿にすぎない。物質はエネルギーであることを知れ。エネルギーに色はなく、音はなく、肌触《はだざわ》りはなく、匂いはない。しかし、人間の感覚と頭脳を通過するとき、エネルギーは色がつき、音を出し、匂いを発し、肌触りのある〝物質〟のような外貌《がいぼう》を呈するのである。

だから、我らの周囲には、神の無限エネルギーが満ち溢れているのである。周囲だけでなく、我が肉体も神の無限エネルギーの一個の表現である。神の無限の知恵と愛と命の表現として、我は自分の肉体を表現しているのである。我は神の子であるから、一個の肉体の中に縮《ちぢ》こまって存在しているのではない。木々の緑、鳥の声、川の流れ、大洋の大波、空の青、星雲《せいうん》の渦巻きに美を感じる我は、その微妙かつ壮大な美を我がうちに包蔵《ほうぞう》するのである。それら自然の営みの中に不可思議の知恵を感じる我は、その知恵と同じ無限の知恵を我がうちに包蔵するのである。自然の営みの背後に生かし合いの愛を感じる我は、神の無限の愛を我がうちに包蔵するのである。

我は神と一体なり。我は宇宙と一体なり。すべては神と一体なり。すべては我と一体なり。我、真実存在の知恵と愛と生命を与え給いし神に、無限感謝の意を表現し奉る。ありがとうございます。

神の無限生命をわが内に観ずる祈り

神さま、私はあなたの生命に生かされている神の子です。私の内部には今、あなたの命の泉が滾々《こんこん》と湧《わ》き出しています。それは、呼吸を通じて脳を活性化し、心臓を拍動《はくどう》させて全身に酸素を送り込んでいるだけでなく、肉体の臓器や諸器官の機能の背後で、すべてを調和させ、同期させ、循環させせながら刻一刻、新たな細胞を生み出している力です。私が何を命じなくても、精緻《せいち》な複雑なこの体が正常に機能しているのは、神さまの無限の生命力のおかげです。私が普段、その神秘に気づかず、体の諸器官や臓器や組織が正しく働くことを「当たり前」と考えていたことを反省します。神さまの命がここにあり、神さまの知恵がここに働き、神さまの愛によって今護《まも》られていることを私は感じます。神さまは私だけでなく、他の七十億を超える人々の命も、さらに圧倒的な数の動植物や菌類《きんるい》の生命も、その同じ知恵と愛と力によって生かされています。神さまのこの御心《みこころ》を思うとき、私はすべての人々と生物と環境全体が、神さまの無限の命によって深く結ばれ、輝いていることを感じます。神さま、すべての人々は、あなたの生命に生かされている神の子です。すべての人々は、私と同じく、神さまに愛され、神さまの知恵と愛と命を共有し、それを表現する大いなる使命をもって生れています。だから私は、すべての人々に愛を感じ、すべての人々の知恵から学び、すべての人々と生かし合いの生活をすることに喜びを感じます。すべての人々と調和した関係にあるとき、神さまの知恵と命が迸《ほとばし》り出て、地上天国実現に向って大きく前進します。人間は神の子として、かくも偉大な力を神さまからいただいていますが、神さまの命は人間だけのものではありません。植物も動物も、神さまの命の表現として、知恵の表現として、愛の表現として重要な役割があることを私は思います。

神さま、私は花々の愛らしさ、木々の美しさを心に強く感じます。体の外にあるこれらの植物を、内部に強く、美しく感じることができるのは、私の命と植物の命が本来一体である証拠です。花の色、繊細《せんさい》な形、色と形の組合わせに、私が無限に多様な美を感じることができるのは、植物の発するメッセージを私の命が喜んで受け止めている証拠です。聳《そび》え立つ大樹の幹《みき》の美しさ、微妙《びみょう》な葉の形、豪華な紅葉《こうよう》に感動するのは、私と植物とが決して〝別物〟でなく、神さまの命において一つである印です。私と植物が調和した関係にあるとき、神さまの命がそこに現れるのです。私が、花や葉や木の実に無限に多様な美を感じるとき、神さまの無限生命をわが内に感じているのです。神さまはすべてのすべてですから、神さまの〝外〟にあるものはありません。神さまの内にあって、私は植物を愛《め》で、植物に生かされ、植物に与えるとともに、植物は神さまの命を私に与えてくれます。人間と植物の生かし合いのメッセージを、私の内部に送ってくれます。

神さま、私は鳥や動物の愛らしさ、俊敏《しゅんびん》さ、美しさを心に強く感じます。彼らとともに地上に生きることに荘厳《そうごん》な意義を感じます。彼らはそれぞれ人間のおよばない美点を備《そな》え、私に神さまの無限の命と知恵がそこにあることを教えてくれます。人間の発明した技術の多くは——鳥の飛翔《ひしょう》、蓑虫《みのむし》の衣《ころも》、コウモリの超音波《ちょうおんぱ》、虫の音《ね》、魚の遊泳など、彼らの美点から学んだものです。それは結局、神さまの知恵と命から学んだことです。私は彼らを通して、神さまの知恵と命を学び、今、人間の技術として実現した航空機、冷暖房、音波探知機、楽器、船舶などを使うとき、神さまの命をわがうちに強く感じます。彼らのムダのない形態や機能、色の変化や組み合わせ、匂いの役割、そして習性や仕草《しぐさ》、表情に、神さまの命の無限の展開を感じるとともに、それに感動する私の中に、神さまの命が溢れていることに気づきます。動物と人間とが同じ神さまの知恵で結ばれていることを心に思い、感謝を捧げます。

命あるもののみが命を感じ、知恵あるもののみが知恵を感じ、愛あるもののみが愛を感じるのです。私がすべての存在の中に神さまの命を感じることができるのは、私の中に神さまの命が溢れているからです。私は今、そのことを如実に知り、私が神の子であることを深い感動をもって観ずるとともに、すべての人々が、すべての生物が私の命と一体であるだけでなく、神さまの命が私と彼らを一つに結んでいるという生命の荘厳な実相を悟ります。わが内に神さまの無限の命の奔流《ほんりゅう》を観じ、万物の創造主《つくりぬし》たる神さまに深く、満腔《まんこう》の感謝を捧げます。ありがとうございます。

自然の営みに神の御徳を観ずる祈り

この世界は神の無限の御徳《おんとく》の顕現《けんげん》である。神とは隠身《かみ》であり、隠れて見えない存在であり給う。顕《あらわ》れて見えたり、触《ふ》れられたり、匂《にお》ったり、聞こえたりするものは一時的存在であって、真に実在するものではない。それらは受け取る者の感覚の鋭鈍《えいどん》や、心理、解釈の違いによって無限に変化する。同じ落日を見ても、そこに「希望」を見る者もあれば「悲哀《ひあい》」を感じる者もある。感覚にて捉《とら》えられるものは、このように種々別々の個人の心の反映として一時的に各自の心の中に生まれるものだから、真実の存在ではない。そのことを聖経では「感覚はこれ信念の影を視《み》るに過ぎず」と説いているのである。

だから、真実の存在は感覚では捉えられないのである。神は真実在であり給うから、目には見えないのである。肌で感じられないのである。耳に聞こえないのである。鼻でかぐことも味わうこともできないのである。愛は真実の存在であるから、目に見えず、肌に感ぜず、無味無臭である。知恵は真実の存在であるから、目に見えず、肌に感ぜず、無味無臭である。生命は真実の存在であるから、目に見えず、肌に感ぜず、無味無臭であるのである。ときに我々は、愛に色や味わいを感じ、知恵に姿形《すがたかたち》を見、生命に彩《いろど》りや動きを感じることがあるが、これは愛そのもの、知恵そのもの、命そのものを感じているのではなく、ある時間、ある場所、ある物に限定された「顕《あらわ》れ」を感じているのである。それらは愛の一端《いったん》にすぎず、知恵の一部にすぎず、生命の一側面にすぎないのである。一部を見て、全体を知ると思うのは誤りである。

自然界では、川が山肌を削って土砂を下流に運ぶように、物理的な力が「秩序」を「無秩序」に崩《くず》すように見えることがある。暴風雨が森林をなぎ倒し、砂嵐が砂漠を拡げ、山火事が広範囲の植生《しょくせい》を破壊し、津波が海岸を浸食《しんしょく》する。しかし、その一方で、〝破壊〟と思われたところから、新たな植物が伸び、砂地の生態系が拡大し、潜在していた植生が息を吹き返し、海水の栄養を得て独特の環境が生まれるのである。生命は、他を生かす愛をもって、知恵に導かれながら、「秩序」から「無秩序」へと向う物理原則に反して、多様で見事な秩序を生み出したし、今も生み出しつつあるのである。その背後に、神の無限の御徳《おんとく》を観《かん》ぜよ。個々の現象の中に神を探すのではなく、数多くの現象の背後に厳然と存在する生かす力、生かす知恵、生かす愛が、地殻《ちかく》の下で燃えるマグマのように、すべてを支えていることを観じ、感謝せよ。

現象に無限が表れるためには、あるものが消えて、別のものが栄え、さらにそれが衰《おとろ》え、別のものが台頭《たいとう》するなど、変化や繰り返しが必要である。花が咲いたならば、花弁は一度地に落ちて、実の成長を待たねばならない。実が大きく育ったならば、それも地に落ち、あるいは動物に食べられ、死を経験しなければならない。しかし、その「死」と見える表現の中に、次世代の繁栄のための「種《たね》」が宿っている。葉や実が地に落ちなければ、枝はそこに翌春の新芽をつけることができない。死は死にあらず、生の始まりである。腐敗《ふはい》は腐敗にあらず、豊饒《ほうじょう》の母である。病《やまい》は病にあらず、生命の方向転換である。挫折《ざせつ》は挫折にあらず、新たな機会の到来である。衰退《すいたい》は衰退にあらず、別方向への助走である。現象の奥に神の生かす力を見ることができる者は、衰退や死の奥に無限の生を観ずることができるのである。

植物は、地球の強力な引力に抗して天に向い、鳥類は体重を極限まで削って、空を飛ぶ能力を獲得《かくとく》した。サケは次世代を産むために川へもどり、急流を溯《そ》上《じょう》する。物理原則に抗して自己表現をするのが生命の力である。いや、物理原則があって初めて、それを超えようとする生命に表現が可能となるのである。現象的には対立物があるように見えても、実相においては対立物は対立せず、協力し合って表現を可能ならしめている。現象の側から自然を見れば、弱肉強食の生存競争があるように見えても、実相の側から観ずるとき、〝障害〟や〝敵〟と見えるものは、生命の表現の媒体《ばいたい》であり、道具である。画家は、カンバスという表現の媒体があり、筆や絵具という道具があるから、初めて絵が描けるのである。生命は地上の現象の制約があって、初めて無限の多様性を表現できるのである。そこに美があり、知恵が表れ、愛が実現するのである。

我は今、この世界は神の無限の御徳《おんとく》の顕現《けんげん》であることを如実に観ずる。現象は無常にして、崩壊《ほうかい》と再生を繰り返すといえども、その奥に厳存《げんぞん》する実相は、無限なる知恵と愛と美と生命を湛《たた》えて永遠に続くのである。その大生命の分身である我は、偉大なるかな。自然と我が一体なるごとく、神と我とは一体なり。我は今、神の子として、現象の自然の営みの背後に神を観じ、隠れ身の大実在である神の無限の御徳に深く感謝し奉る。有難うございます。

「生存競争」の迷いを去る祈り

「この世は生存競争の勝者が勝ち残る」というのは、偏面的《へんめんてき》なものの見方であって、真理ではない。「この世は弱肉強食で、弱いものは強いものに駆逐《くちく》される」という考えも、誤れる一面観である。神の創り給うた完全世界では、すべてのものが所を得て争うことなく、相食《あいは》むことなく、苦しむことがない。争い、相食み、苦しむように見えているのは、我らが頭脳知を通して見る現象世界である。現象は、感覚を通して現れる人間の心の影である。自己の恐怖心を通して世界を見れば、恐怖すべき世界が現れる。自他の一体感を通して世界を見れば、与え合い、助け合いの世界が現れる。現象はすべてものの実相ではなく、自己の信念が賦彩《ふさい》された念の映像である。

「生存競争」や「弱肉強食」の眼鏡《めがね》をかけて自然界を見る者は、眼鏡通りに色のついた悲惨で、残酷《ざんこく》な世界を見るであろう。「与え合い」や「協力」を念頭に置いて自然界を見る者は、共存共栄と共生の世界を見るであろう。しかし、いずれの世界も現象であって実相ではない。その背後に、感覚を超え、時空を超えた実相がある。人間界を見るのに「生存競争」や「弱肉強食」の眼鏡を通せば、奪い合いや権謀術数《けんぼうじゅつすう》の世界が展開する。無償の愛と広い知恵をもってそれを見れば、愛し合い、与え合う人々の姿が現れる。しかしいずれの場合も、それは有限な現象面上の〝映像〟のようなものであって、実相ではない。現象は不完全であり、永続性がないから、「奪い合いの世界」

も「与え合いの世界」も永続しないのである。こうして自然界も人間界も、我らの肉眼の前では明暗二相、共生と捕食《ほしょく》、協力と競争、生と死が交錯《こうさく》して展開する。

競争とは、相手を蹴落《けお》とすことではなく、自己の本性を伸ばすことである。自己内在の可能性を現象世界に表現することである。その結果、敗北者が出たように見えるのは、「ある観点」から見ればそう見えるというだけで、これも心の影にすぎない。時間・空間の場が変われば、敗者が勝者となり、勝者が敗者となることはいくらでもある。一時の勝敗にこだわることなかれ。勝敗を問題にせず、自己の本性たる「神の子・人間」がどれほど表現できたかを考えよ。自己内在の神性が、どれだけ満足したかを反省せよ。実相の無限のアイディアが現象面にどれほど現出したか、実相の無限の知恵がどれだけ生活に生かされたか、実相の無限の愛がどれほど多くの人々に到達したかを問題にせよ。それは「競争」ではなく、「競現」であり「競生」であり「競達」である。

競争に敗れたものは生存できないと考えるなかれ。死は、実相においては存在しない。「死」のように見えるのは、生きとおしの命が進行方向を変える際、一時後《あと》もどりする姿にすぎない。ある時期にある方向へ行けなければ、別の時期を待てばよいし、別の方向へ伸びることも可能だ。ある環境で仕事がうまく行かなければ、別の環境や別の時期を選べばよい。現象が八方塞《はっぽうふさ》がりだと嘆《なげ》くなかれ。実相には、無限アイディアと無限可能性が満ちている。それを受信せよ。生かせよ。表現せよ。そのためには神想観を実修し、神に心を合わせよ。

我、神の無限アイディアと知恵と生命力に感謝し奉る。

雨の恵みに感謝する祈り

この世界は神の創造せる無限豊饒《ほうじょう》の世界である。この世界には無駄なもの、悪しきもの、不快なもの、苛立《いらだ》たしきものなどは存在しないのである。すべてが有用であり、善であり、快《こころよ》く、心慰めるものである。この実相世界の一部分を人間の感覚で捉《とら》えて見ているのが「現実」である。現実は現象であり、我が心の〝眼鏡《めがね》〟を通して見た世界であるから、心の状態に応じてその姿を異にする。だから、現象は無常である。無常なるものは実相でない。しかし我は神の子であるから、神の創造せる世界の実相を知るのである。肉体の感覚で知るのではなく、無常の奥に存在する常住の世界を〝心の目〟によって知り、観ずるのである。

雨とは、〝水の天体〟である地球上の元素循環《じゅんかん》の一コマである。水が大気中から地上に降《お》り立つ一形態を「雨」と呼ぶのである。別の形態を「雪」や「雹《ひょう》」「霧《きり》」「靄《もや》」「霞《かすみ》」などと呼ぶ。この水の到来によって、地上の生物は生き続け、繁栄する。植物は、太陽の光と水から栄養素をつくり、動物は植物から栄養素を受け取り、肉体の死後は菌類《きんるい》にそれを渡す。菌類は土壌《どじょう》をつくり、再び植物に栄養素を渡す。水は生物に栄養素を与えるだけでなく、生活の場をも提供する。細胞《さいぼう》の中、土の中、川の中、湖沼《こしょう》の中、海の中に生物繁栄の場を提供する。物質的側面をこのように表現することができるが、その奥に、我は神の無限の愛を観《み》るのである。地上のすべての生物に生きる場を与え、生物の体そのものを形成し、さらに生物に栄養素を提供し続けているのが「水」である。それは、もはや物質にあらず、神の無限の生かす力そのものである。「神の無限の愛」が我が肉体を通して感覚された時、それが「水」として認識されるのである。だから、雨は「神の愛」そのものである。

雨は、静かに地上に落ちるとき、やさしく、リズミカルな音を立てる。間《かん》断《だん》なく降《ふ》り注ぐとき、川の流れのように響《ひび》き、激しく降れば滝のような轟音《ごうおん》となる。この響きに耳を傾《かたむ》けよう。この音に心を振り向けよう。間断のない規則的な音、転がる響き、快《こころよ》い流れ、低い太鼓《たいこ》の継続音……。同じ水、同じ雨が、これほど変化することに気がつくとき、我は神の無限の生かす力の多様さを知るのである。神が多様な相《すがた》を通して我を愛し、かつ導き、命を与え給うことを知るのである。愛が知恵によって多様に変化し、それが無限相の美を表す。ここに愛と知恵と美があり、それが雨となって我が前に降る。神の無限の生かす力が今、雨となって我に降り注ぐ。我は恵まれている。我は生かされている。我は愛されている。我は知恵に満たされ、生命に溢れている。

この尊き神の恵み、神の知恵、神の命を雨として与え給い、すべての生物を生かし、繁栄させ給う神に、心より感謝申し上げます。神さま、ありがとうございます。

人生が万事自分に好都合《こうつごう》ならば、挫折《ざせつ》する人々の気持を知ることはできない。彼らの悩みを知り、ともに光へと進む菩薩行《ぼさつぎょう》の喜びを味わうことはできない。山の頂上で常に太陽を見ている人は、雲の中の登山道を一歩ずつ上り、ついに光に満ちた青空を見る人の喜びを味わうことができない。曇天は青空への案内人であり、晴天の使者である。そのことに気がつけば、人生の曇天もまた好都合なり。曇天に走る選手の方が、晴天下の選手よりも記録を伸ばすではないか。曇り空は我らの味方なり。さぁ、菩薩行を目指し、光に向かって歩み出そう。

すべてに光を与えたまう神に感謝いたします。有難うございます。

「人間は自然そのもの」と知る祈り

「神は自分のかたちに人を創造された」という『創世記』第一章の言葉は、深い真理を表《あらわ》しているのである。これは、「人間の肉体の形が神に似ている」というような皮相《ひそう》な意味ではない。「神の理念が人間に体現されている」ということであり、「人間の内部には神性が宿っている」という意味である。肉体のことではなく、霊のことである。人間の心の奥底に、神の御徳《おんとく》である真・善・美を理解し、愛し、表現せずにはおかない情熱が宿っていることを示しているのである。神は大宇宙と、大自然のすべてのものを創造されたから、人間もまたその無限に多様な神のイメージと創造力とを内に蔵しているのである。

このことが、現象である我々の肉体にも表現されていることを知れ。人間の肉体が母胎《ぼたい》上に表現されるとき、私たちはごく一時期、尾のある魚のような形を示す。しかし、それが母から産まれるときには人間の体に変化しているから、誰も驚かないのである。また、私たちの神経系には、爬虫類《はちゆうるい》の脳と同等のものが存在し、その周囲を大脳が包み込んで人間特有の脳を形成している。これによって、爬虫類的な欲望の表出を大脳によって制御《せいぎょ》しながら、複雑な社会生活を送ることができるのである。またこれによって、肉体上の本能的な自動装置を利用して、肉体生命の維持や生殖行為が可能なのである。

人間の肉体はまた、昆虫との共通点をもっている。私たちに〝色のついた世界〟を教えてくれる色覚は、ほとんどの哺乳《ほにゅう》動物にはない。「青い空」「白い雲」「緑の森」「紺碧《こんぺき》の湖」は、犬や猫や牛や羊の見る世界には存在しないのである。「紫の藤」「赤い柿」「黄色い菊」「ピンクの薔薇《バラ》」も、彼らの見る世界には存在しないのである。しかし、昆虫たちは、そういう花の蜜《みつ》を吸い、花粉を集め、果実を食する必要から、緑色の葉や茎《くき》の合間から素早くそれらを見つけ出すために、人間のような、あるいは人間以上の色覚《しきかく》をもっている。それと同じ理由で、花の蜜や果実を食べる鳥たちにも色覚が発達している。こうして、人間の肉体の中には、魚類、爬虫類、鳥類、昆虫等、多くの動物と共通する仕組みが組み込まれていて、私たちの肉体生命の維持に貢《こう》献《けん》してくれている。

植物と人間の深い関係についても、思い出そう。ほとんどの動物は植物の生産する炭水化物《たんすいかぶつ》をエネルギー源として摂取《せっしゅ》し、それで体を動かす。つまり、植物なかりせば、動物は「動」物たりえないのである。これだけでも、私たちは感謝しきれない恩恵を植物に感じなければならないが、心理的にも人間は、緑色を見たときに最も「安らぎ」と「心の安定」を感じるのである。だから、どんな大都会にも街路樹が植えられ、どんなに人工的なビルの中にも植木鉢やプランターが置かれるのである。人間は植物をそばに置いて「心の安定」を保つのである。菌類《きんるい》も人間の生存にとって不可欠である。キノコ類やチーズなどの発酵菌《はっこうきん》ばかりでなく、人間の腸内に棲《す》む無数の細菌のおかげで、人間は自分の肉体だけでは産生できない栄養素を得て健康な肉体生活を送っている。このように考えれば、人間の肉体は、まさに自然界の〝作品〟であり〝恩恵《おんけい》〟そのものと言わなければならないのである。

こういう事実を前提にして考えるとき、私たちは「神の理念が人間に体現されている」ことの、本当の意味を知ることができる。「神の理念」とは万物の調和である。万物が互いに与え合いながら、より高度の目的のために協力する姿が、神のイメージである。自己目的のために周囲から奪い、他を破《は》壊《かい》して顧《かえり》みないことは「神の理念」ではなく、神の御心《みこころ》ではない。私たちの肉体の仕組みと生き方が、そのことを有力に語っている。私たちは「生きている」のではなく、すべての生物に支えられ、その恩恵によって「生かされている」のである。だから私も、万物を生かすことに喜びを感じるのである。人間の内にある「神性」や「仏性」とは、万物大調和の自然の実相に気づき、それを自己の生活の中に、人間の生き方の中に表現しようとする意志である。

私は今、この自覚に達し、神の理念の体現者として、万物大調和実現のために生きる決意を新たにする。私は自然そのものである。自然は私そのものである。ありがとうございます。

人間を深く観ずるために

肉体の我から真我へと飛躍する祈り

神さま、私はいま「神の子」としての自己をあなたの御前《みまえ》で深く観《かん》じます。「人間は肉体ではない」という教えは、肉体を拒絶《きょぜつ》して霊界《れいかい》へ行けとの教えではありません。なぜなら、私の肉体は、この素晴らしい地上生活のためにあなたが与えてくださった貴重な贈物《おくりもの》だからです。不要のもの、価値のないものをあなたが私にくださるはずがありません。

私の肉体は、あなたの知恵と愛と命の一部を表現した貴《とうと》い地上生活の道具です。それを仮に「私の肉体」と呼ぶことがあっても、それは決して「私が創造した肉体」ではなく、「私だけのための肉体」でもありません。私の肉体の特徴《とくちょう》は、私の両親の肉体的特徴を併《あわ》せもった独特のものですが、その両親の独創《どくそう》ではありません。それは、その両親の両親の特徴をも併せもったものです。そして、その両親の両親のそのまた両親の特徴も引き継《つ》ぎ、同様にして膨大《ぼうだい》な数の先祖の特徴を今、ここに引き継いでいるのです。それは言わば、時間軸《じく》を通して広がった壮大なる〝人類の過去の特徴の全体〟を体現した精緻《せいち》・精巧《せいこう》な道具です。

神さま、私はいま与えられたこの「肉体」という道具の素晴らしさを深く認識します。この肉体は組織や器官が精緻《せいち》・精巧《せいこう》であるばかりでなく、私が意図《いと》しない膨大《ぼうだい》な数の機能を自動的に、過《あやま》たずに実行しています。呼吸、心臓の収縮《しゅうしゅく》、ホルモンの分泌《ぶんぴつ》、細胞同士の連絡、黴菌《ばいきん》との戦い、怪我《けが》の修復、食物の消化、皮膚《ひふ》や粘膜《ねんまく》の再生……その他もろもろの肉体維持のための機能のほとんどが、先祖から受け継いだ自動プログラムにもとづいて、私が眠っているときも静かに、完全に実行されています。だから、この肉体は基本的に「私」が管理し動かしているのではなく、〝人類の過去の特徴の全体〟がほとんどの部分を自動的に管理し、動かしているのです。

では、それを「私の肉体」と考える「私」は、何をしているのでしょう。精緻・精巧なる道具の使い方を知らないはずの「私」が、どうして肉体を「私」だと思うのでしょう。航空機の飛行原理や内部構造を知らない人が、航空機を安全に飛行させるためには、複雑・煩瑣《はんさ》な飛行のメカニズムをすべて自動化した後に、それらをいくつかの簡単な段階にまとめてスイッチとボタン操作で実行する〝自動飛行装置〟を用意しなければなりません。また同時に、操縦《そうじゅう》席の人間がその装置を勝手気ままに操作《そうさ》したり、飛行中に席を立たないような工夫が必要です。それと同じように、「私」と「肉体」との間には、肉体を道具として維持《いじ》し安全運行させるために「脳」という〝自動運転装置〟が介在《かいざい》しています。この脳は、「私」が「肉体」の運転をデタラメにおこなったり放棄《ほうき》しないように、「欲望」や「快楽」という報酬《ほうしゅう》を用意して「私」を「肉体」につないでいます。

しかし、「私」は「肉体」ではないのです。肉体の運転手であっても、肉体そのものではありません。だから、欲望は「私」の真の願いではありません。肉体に属する快楽は、「私」の真の喜びではありません。それらは、肉体の維持管理のために脳が用意した〝自動運転装置〟のスイッチの一つにすぎません。「私」は、その自動装置を活用して肉体を正しく運転する「主体者」

です。肉体の欲望を否定するのではなく、欲望の発露《はつろ》を統御《とうぎょ》し、それを「私」の目的に正しく使うのです。私が「主」であり、肉体はあくまでも「従」です。

私の中に時に欲望が生じ、快楽を求める心が生じるのは、自動運転装置のスイッチの一部が点滅《てんめつ》し、肉体の維持管理を要求している印です。それは「肉体」の維持管理に役立つことがあっても、肉体を運転する「私」にとっては、役立つ場合とそうでない場合があることを知っています。この「私」は肉体ではないのですから、肉体を超えた価値の実現を求めるときには、肉体からの要求を利用しつつもそれに支配されることなく、時には毅然《きぜん》としてそれを退《しりぞ》け、「私」の求める価値の実現を優先させます。それが、人間が「主体者」として生きることです。それが「神の子」として生きることです。

私は常に神の御心《みこころ》を聴《き》き、それを「私」の真の目的・真の願いとして生きる神の子です。神さま、私をこの自覚に至らしめ給うたことに心から感謝いたします。

神の子の善なる使命を自覚する祈り

神さま、あなたが人間の肉眼に見えないということは、あなたの真の偉大さを表《あらわ》しています。人間の目に見えるものは、人間の肉体と大きさがあまり違わないものばかりです。巨大な建築物《けんちくぶつ》は、遠く離《はな》れなければ見ることができません。しかし、離れれば離れるほど、建物《たてもの》の細部は見えなくなります。大山脈を見るためには、空中へ上がり、あるいは海へ出て眺《なが》めなければなりませんが、それによって個々の山の形は判別できなくなり、山にすむ生物は見えなくなります。小さなものも肉眼には見えません。微生物《びせいぶつ》や花粉や胞子《ほうし》、その他生物の細胞《さいぼう》などが、どんなに美しくかつ複雑な形をしていても、肉眼で見ることはできません。顕微鏡《けんびきょう》や望遠鏡を使ってそれらを見たとしても、部分が拡大されるだけで、全体を一望することはできません。しかし神さま、あなたは部分だけでなく、全体の設計者であられます。極小の素粒子《そりゅうし》から極大の宇宙までを創造し、知悉《ちしつ》されているあなたが、人間の肉眼で捉《とら》えられるほど小さな存在であるはずがないのです。

神さま、私はそんな偉大な神さまの子としてここにあることを心から感謝します。私はあなたの存在をいまここにアリアリと感じます。人はあなたの姿が見えないといって信じることを躊躇《ちゅうちょ》しますが、私はあなたが普段《ふだん》、肉眼に見えないことにこそ、あなたの愛の深さを感じます。もしあなたのような偉大な存在が普段から目に見え、私が目を向けるあらゆる所にあなたが見え、あなたの目を感じるならば、私は自ら考え、試行するよりも、ハーメルンの笛吹きに従うネズミの一匹のように、あなたの指示するところへ何も考えずに従っていくでしょう。あるいは私に罪の意識があるときは、畏怖《いふ》、萎縮《いしゅく》して自由な判断を下す余裕《よゆう》をもてず、しじゅう看守の監視下《かんしか》におかれた囚人のように、私はあなたの目の色をうかがう生き方を選んでしまうかもしれません。しかし、あなたが肉眼には見えないということで、私はあなたからの最大の贈物《おくりもの》――「自由」を享受《きょうじゅ》することができるのです。

自由は、人間において初めて大きく実現しました。他の生物では、自由は大きく制限されています。多くの生物は、遺伝子《いでんし》からの指令により自由を許《ゆる》されずに行動します。だから彼らの行動には善悪の別がありません。ある条件が整《ととの》えば、ある行動が必然的に出てくるからです。春になれば新緑が出て、花が咲きます。気温が上がれば動物は動き、捕食《ほしょく》や生殖《せいしょく》や子育てを行います。そこには、無数のデザインとパターンと組み合わせが溢れていますが、自由の表現は不完全です。美はあっても、善が不十分なのです。なぜなら、善の表現は自由があって初めて可能だからです。強制されずに善い結果を自由にこの世に導き出すこと、それが人間において初めて可能となったのです。

神さま、私は神の子として「善」を地上に表現する機会を与えてくださることを心から感謝します。「善《よ》いこと」とは、外から強制《きょうせい》されて実現するものではありません。同じ人助けでも、誰かに無理矢理に命令されて行えば、それはもはや善行《ぜんこう》ではなく、奴隷《どれい》の屈従《くつじゅう》です。他からの強制がなく、それを行わない自由がある中で、自らの意思によってそれを行うとき、初めてそこに善が実現します。このように、「善」は「自由」の裏打ちがあって初めて成立するものですから、神さまが人間の肉眼から御姿《おすがた》を隠《かく》されて、人間に自由を与えてくださることで、善が人間の意思として地上に顕現《けんげん》することができるのです。

真に偉大なものは、目には見えない存在です。法則は、人間の目に見えません。知恵は、人間の目には見えません。愛も、肉眼で見ることはできません。生命は多様、多彩《たさい》の表現をとりますが、生命そのものを見ることはできません。これと同じく、善も多様、多彩の表現が可能ですが、善そのものを見ることはできません。神さま、あなたはこれらすべての偉大なるものの創造主《つくりぬし》であり、それらを包含《ほうがん》されています。私は神の子として、知恵と愛と生命をあなたから譲り受けているのですから、それらとともに、あなたの最大の贈物《おくりもの》——自由を駆使《くし》して、地上での「善の表現」に邁進《まいしん》いたします。

この聖なる使命を与えてくださった神さまに、心から感謝いたします。

神の子の自覚を深めて前進する祈り

神さま、私は神の子です。なぜなら、私は「神さま」とあなたのお名前を呼ぶとき、自分の親を呼ぶときと同じ親しみを感じるからです。親に対するのと同じ信頼感が、心の底に湧《わ》き上がるからです。しかし、神さまは私の肉親と同じではありません。私の親が「神さま」とあなたを呼べば、親もまた神さまに親しみと信頼を感じるからです。神さまはこうして、すべての人々がその御名《みな》を呼ぶとき、すべての人々の内に親しみと信頼の心を喚《よ》び起こすお方ですから、人類すべての御親《みおや》であられます。だから、人間はみな神の子なのです。そして、私たちが神さまを心に感じるとき、すべての人類は神を通して兄弟姉妹であることを感じます。

神の子であるということは、神さまのもち給えるすべての御徳を私が自分の内にもっているということです。私が思い浮かべることのできる最高、最善、至美《しび》、至妙《しみょう》のものが、神さまの世界であることを私は知っています。それは私の「外側」にあるように思えても、私が自分の「心」に思い浮かべるのですから、本当は私の「内側」にあるのです。それは単なる想像だという人もいますが、本当は実在するものが心に反映しているのです。私の心に存在するものは「外界の反映」だけではなく、「実在の反映」もそこにあるのです。

私が赤ちゃんだったとき、「本」や「自動車」は外の世界にあったものをイメージと言葉で憶《おぼ》えました。それらはだから、「外界の反映」です。しかし、外の世界にあるものの「反映」だけが私の心に存在するならば、私はなぜ「最高の本」や「完全な自動車」というイメージを思い浮かべることができるのでしょう。私の外側の世界に「最高の本」や「完全な自動車」など存在しないにもかかわらず、私はなぜそれらを求めることができるのでしょう。本や自動車だけでなく、スポーツや芸術、哲学、科学、事業、発明、技術、人間関係、社会生活などのあらゆる分野で、人間はなぜ最高、最善、至美、至妙を求め続けているのでしょう。それは、神さまのもち給えるすべての御徳を人間が皆、自己の内にもっている証拠《しょうこ》です。時間や空間を超《こ》えた神さまの世界に実在する「種《たね》」を、人間がみな内部にもっている証拠です。

神さま、私は神の子です。私は今そのことを自覚して、魂の底から喜びに満たされています。私はすべての人々とともに、神さまの無限の御徳を地上に表現するための尊い、やり甲斐《がい》のある人生を力強く歩んでいることを感じます。すべての人々は、私の共鳴者であり協力者です。すべての人々は、私の教師であり、友人であり、理解者です。ときに敵や邪魔者《じゃまもの》のように感じることがあっても、それは私が自己限定して、自分を肉体的存在だと見誤《みあやま》り、肉体的自己の利益を優先して考えたときの錯覚《さっかく》です。私は神さまを通してすべての人々と兄弟姉妹の関係にあるのですから、私がしっかりと神さまを心に観《かん》じ、「神の子である」との自覚を取りもどし、かつ行動すれば、すべての人々も「神の子」としての姿を現わし、「神の子」としての行動を起すでしょう。

神さま、私は神の子として、神さまのもち給えるすべての御徳《おんとく》を常に心に把持《はじ》することを怠《おこた》りません。私は毎日、神想観して、神さまの世界に植《う》え付けられた実在の「種」を心の表面に喚《よ》び起こします。そして、愛行と和顔・愛語・讃嘆《さんたん》のコトバの力を駆使《くし》して、自己に宿る神さまの御徳を表現する活動に邁進《まいしん》します。「われ神の子なり」と常に観じ、思い起こし、「神の子」の理想を日常生活の基準として高く掲《かか》げ、その「種」を地上世界で育て花開かせる生活を送ります。それは生き甲斐のある喜びの生活です。私はその喜びを他の人々にも伝え、協力し、分かち合い、かつ独断、独善に陥《おちい》らず、根気《こんき》強く、時機《じき》に敏《さと》く、明るく、勇気をもって、神さまの御徳を表現する道を前進していきます。

「われ神の子なり」の自覚を深めてくださったことを、神さまに心から感謝いたします。ありがとうございます。

神の愛の実践者を自覚する祈り

神さま、わたしは今あなたの前に跪《ひざまず》き、あなたの大いなる力を感じます。あなたは実在するすべてを創造され、「はなはだ良し」と認められました。ですから、すべて実在するものは真であり、善であり、美であり、調和しています。私も今ここに実在しているのですから、真と善と美と調和に満たされています。それは肉体としての「私」のことではありません。肉体の背後にあって、肉体を現しつつある「命」のことです。それが本当のわたしであり、わたしの今の肉体はわたしの表現の一時的状態にすぎません。だからわたしは肉体ではなく「命」であり「霊」です。わたしの肉体は「命」の道具であり、手段であり、表現の媒体《ばいたい》です。

神さま、わたしは今あなたの前に跪き、あなたの降《ふ》り注ぐ愛を感じます。わたしに「肉体」という表現の媒体を与えてくださったことを、心から感謝いたします。肉体それ自体がわたしの命の表現であります。六十兆もの生きた細胞《さいぼう》から構成された肉体の、それぞれの細胞が無数の重要な役割を分担し、一糸乱れぬ統制の下に連絡し合い、協力し、共同し、死ぬものは死に、生まれるものは生まれ、全体が一つの意志の表現として機能するようにできた、精緻《せいち》・精密《せいみつ》・複雑・不可思議な道具の構造や機能は、わたしの頭脳知をはるかに超えています。にもかかわらず、わたしはほとんど意識せずに、自分の「延長」としてこの道具を楽々と使うことができるのです。そのことが善であるだけでなく、大いなる調和であり、かつ美しいのです。

神さま、わたしは今、この善と調和と美に満ちたあなたの愛を一身に受けていることを感じ、感謝に包まれています。わたしはあなたからの愛を自分のためだけに独占して、満足するものではありません。愛に満たされたものは、必ず愛を他に与えるものです。太陽からエネルギーを得た植物は、動物のために酸素や糖《とう》を豊富に供給します。植物から力を得た動物は、二酸化炭素を植物に与え返し、花粉や種《たね》を遠方に運んで植物の繁栄を助けます。動物は老廃物《ろうはいぶつ》や死骸《しがい》を菌類《きんるい》に与えて、菌類はそれを分解し、再び動植物に必要な栄養素に変え、土壌《どじょう》を肥《こ》やし、動植物を支えます。一見、無関係と思われる生物界のすべてのものが、与え合いの愛の活動を実践していることをわたしは知っています。わたしたちが「自然」と呼ぶものは、無限に他を生かし、他に与える、神さまの多様多岐《たき》な愛の流れの別名です。だから自然は善であり、調和していて、美しいのです。

神さま、わたしは「神の子」ですから、神さまの愛の仲介者であり、かつ愛の流れを促進《そくしん》する実践者です。神さまからいただいている豊かな愛を、必ず他へ回します。そのとき、わたし自身の生命を注ぎ込むことで、新たな善と美と調和が顕《あらわ》れます。それがわたしの喜びです。わたしは神さまの愛の流れを堰《せ》き止めて、独占しようとはしません。自分のところへだけ流れを溜《た》めようとすれば、豊かな流れは堰《せき》を破り、破壊と無秩序が生まれます。わたしは神さまの愛の流れを仲介するパイプです。優秀なパイプは、上流から下流へとただ豊かに流すのです。

神さま、わたしは今あなたの前に跪《ひざまず》き、あなたの大いなる愛の奔流《ほんりゅう》を自分の中に感じます。わたしは一個の小さな肉体ではありません。この肉体は、「神の子」としてのわたしの愛が流れ出る噴出口《ふんしゅつこう》です。噴出口は小さくとも、その背後に流れるわたしの愛は、神さまの愛と一体ですから、無限に豊かであり、善と美と調和に満たされています。それを仮に「わたしの愛」と表現しましたが、その「わたし」は小さな肉体の「私」のことではありません。本当のわたしは神さまと一体であり、したがって「わたしの愛」は神さまの愛の流れと一体です。わたしはすべての生物の命の流れと一体であり、善と美と調和の力そのものです。わたしは今、神さまの愛の実践者として喜びに満たされています。

この自覚を与えてくださった神さまに、心から感謝いたします。ありがとうございます。

すべての人々の実相を讃える祈り

我はいま神の御前《みまえ》に座し、神の御声《みこえ》を聴《き》かんとするのである。我は神の子であるから、神の御心《みこころ》をわが心の深奥《しんおう》に聴くのである。神の御心は、わが心が神の御心と同じ波動《はどう》に回帰《かいき》するとき、わが心の深奥に響《ひび》きわたるのである。我は神の御心に向かって回帰する。神は無限の愛である。神は無限の知恵である。神は無限の生命《いのち》である。神は無限の供給である。神は無限の喜びである。神は無限の調和である。我は神の深き、温かき懐《ふところ》に抱《いだ》かれ、神の御心を魂全体に感じるのである。神の御心は愛である。神の御心は知恵である。神の御心は生かすことである。神の御心は与えることである。神の御心は喜びである。神の御心は調和の実現である。神はこの大いなる、聖なる御心によって世界を創造し給う。したがって、この世界の実相は愛であり、知恵であり、生命であり、豊かであり、喜びであり、大調和である。我が魂は、この世界の実相を如実《にょじつ》に感じるのである。

我はいま神の御前に座し、この世界の実相を我が魂の全体で感じるのである。我が魂は神の世界と共鳴するのである。大いなる神の愛、大いなる神の知恵、大いなる神の生命《いのち》、聖なる豊かさ、聖なる喜び、聖なる調和の全相がここにある。我がそれを如実に感じるのは、わが魂がそれと同質であるからである。我は神の子であり、神に感応し、神を動かし、神を表現し、神とともに生きる。それがわが実相なり、人間の実相なり。

我はいま神の御前に座し、すべての人間の実相を感ずるに、すべての人々は我と同じく神の子であることを知るのである。神は我を通して御心を実現されるごとく、すべての人々を通じて神の御心を表現されているのである。我《われ》が神の子であるのと全く同じく、すべての人々は神の分身であり、分神である。だからすべての人々は、実相においてことごとくわが兄弟姉妹であり、神の愛《いと》し子である。だから我は、すべての人々を兄弟姉妹として讃嘆する。すべての人々よ、あなたは神の無限の愛の表現である。無限の知恵の表現である。無限の生命の表現である。無限の豊かさの表現である。無限の喜びの表現である。無限の調和の表現である。すべての人々は、実相において無限の生かし合いの生活を送っているのである。

我はいま神の御前に座し、すべての人々の実相を観ずるに、現象世界は自由意思の誤用《ごよう》によって映し出された仮相《かそう》にすぎないことを知る。我《われ》が神の子の自覚を忘れるとき、神の子らしからぬ行動をするのと同じように、他の人々も肉体の自己を自分とし、自由をはき違えるとき、互いに衝突《しょうとつ》するのである。しかし、それは実相において衝突しているのではない。肉体を通して体験する仮の舞台で、「衝突」のシーンを演じているだけである。舞台の上では確かに「衝突」は起こっているが、それを演じる俳優たちは本当に衝突しているのではない。互いに合意した「衝突」という脚本にしたがって、一致協力して衝突を演技《えんぎ》しているのである。演技が迫真に迫るとき、俳優《はいゆう》は憎《にく》しみの形相《ぎょうそう》を示すかもしれないが、本当の心は憎んではいない。むしろ同じ俳優として、演技の協力者を信頼している。「我は俳優なり」との自覚があるために、相手を憎まずに演技し、演技が終れば互いに讃嘆《さんたん》し合うのである。それと同じく、「我神の子なり」との自覚があれば、人間は現象を生きながら相手を憎まず、現象の一幕を終えれば互いに讃嘆することができるのである。

我はいま神の御前《みまえ》に座し、すべての人々の実相を観ずるに、人間はみな神の子なり。現象世界は仮の舞台なり。我はこの舞台で協力して演技するすべての人々を讃嘆し、感謝するのである。もし舞台が苦しければ、わが心の脚《きゃく》本《ほん》を書き換《か》え、「憎しみ」や「衝突」のシーンを削ればよい。実相世界の愛と知恵と生命と豊かさと喜びを表現するように、脚本を書き変えればよいのである。人間はみな神の子であるから、我はすべての人々と協力し、神の御心を地上に顕現《けんげん》する喜びの舞台、喜びの人生を送るのである。

我、すべての人々の神性を拝み、親様なる神の無限の御徳に感謝し奉る。

明るい人生観をもつために

日々新たに生まれる祈り

我《われ》はいま、神の創造《つく》りたまいし実相世界を観ずるのである。神は無限のアイディアと知恵と愛に溢《あふ》れた世界を創造し給うているのである。それは無限の多様性として表れ、無限の組み合わせとなり、それら無限性の展開が、知恵によって秩序づけられ、愛によって互いに調和し、そこに無限の変化ある美を輝かせているのである。我々人間の肉体は、その実相世界のごく一部を、肉体生活に必要な形で捉《とら》えることができるが、全相を見ているのではない。全相を感じているのではない。それはあたかも、太陽が東から昇り西に沈むように見えても、実際は地球が太陽の周囲を公転しており、さらにその太陽も銀河系の中を猛スピードで動いていることが肉眼には見えないようなものである。また宇宙には、太陽のような恒星《こうせい》が無数にあり、それぞれが独特の秩序と美しさを備《そな》えていても、我々の肉眼にはその多様な秩序と美が見えないようなものである。

宇宙は、これら星々の公転や自転に表れるように、「循環して元にもどる」ように肉眼は見るかもしれない。しかし、地球が一回自転すれば、宇宙空間の元の位置にもどるのではなく、まったく新たな別の空間に移動している。太陽の周《まわ》りを一回公転しても、元の宇宙空間にいるのではなく、まったく異なる別の位置に移動している。外観は「繰り返し」のように見えていても、実際は新たな空間で新たな時を迎えるのである。自然界の事象は、このように外面的には規則的な繰り返しのように見えかつ感じられるが、その円環運動を通じて、実相世界の無限のアイディアが表現されつつあるのである。変化の中に不変があり、不変の中に多様性がある。そのことを知れば、我々自身も、変化の中に不変を感じ、不変の中に多様な表現をすることが可能になるのである。

　我はいま神の子として、神の無限のアイディアと知恵と愛に溢れた実相世界に存在することを観ずるのである。神の無限のアイディアに溢れた世界が、我が内にも、我が外にも、無限に広がっているのである。神の創造《つく》りたまいし世界が無限の知恵に満ちているように、神の子たる我も無限の知恵に満ちているのである。神の創造《つく》りたまいし世界が無限の愛に満ちているように、神の子たる我も無限の愛に満ちているのである。だから、我が生命は無限に表現し、無限に工夫《くふう》し、無限に与えることができるのである。この無限なる表現は、しかし現象的には繰り返しと循環の形をとるのである。無限なる工夫も、繰り返しと反復の中から生じるのである。無限なる愛も、繰り返しと練習を通して表現されるのである。だから我は、繰り返しの奥に無限の豊かさを感じるのである。

我はいま、新たな我《われ》を感じる。神の子の我は、神の無限内容の表現の出口として、刻一瞬、新たな我を自覚するのである。自然界の繰り返しのリズムは、新たな我の表現に力を与えるのである。メロディーがリズムに乗ったとき、多様な感情を力強く表現しうるように、我は日々の繰り返しのリズムの力を得て、神の子たる自己の無限内容を展開していくのである。だから我に、単調な日々は存在しないのである。単なる繰り返しの毎日は存在しないのである。「単調」の感じは、現象の表面的印象のみを感じて、その奥に展開しつつある神の無限アイディアと、無限の知恵と、無限の愛の表出に目を閉じる〝迷い〟である。現象は繰り返しのように見えても、本当は常に新たな側面の展開が、そこにある。春夏秋冬は繰り返しても、そこでの表現内容は毎年無限に変化している。それと同じように、毎日は〝表現の舞台〟として繰り返し訪れるが、我はその舞台を自在に使って神の無限内容を表現するのである。だから、我は日々新生し、新たなアイディアを得、新たな工夫をし、新たに愛を表現するのである。

この自覚を与え給いし神に、無限の感謝を捧げます。神さま、ありがとうございます。

人生にただ善のみ観る祈り

我は神の生命の分身である。我が人生は、地上に神の御徳《おんとく》が表現されつつある〝晴れ舞台〟である。この舞台の上で、神の子としての我が本性が具体的事象を通して表現されるのである。それは俳優《はいゆう》が役柄《やくがら》を演じることによって、自分に隠《かく》されていた能力を引き出し、幅広くまた奥深い人間性を実現するのにも似ている。俳優に天賦《てんぷ》の可能性があっても、具体的役柄を与えられなければ、その天性は表現できず、表現できなければ自覚されず、自覚されなければ他からも認められない。具体的役柄は無限でなく限定的だが、それを演じ切ることによって、次なる役柄のための基礎が固まり、次なる飛躍への踏み台となる。無限は無限そのままでは表現されず、自らを有限に縮小し、時間・空間を通して繰《く》り返し表すことによってのみ、表現されていくのである。だからすべての有限が、無限の表現への階段である。我はその階段を一歩一歩上ることによって、無限表現、無限向上、無限幸福を実現しつつあるのである。

人生はまた、登山家が山をのぼるようなものである。それぞれの山が高さ、険《けわ》しさ、美しさ、渓谷《けいこく》の深さ、川の水量、木の多さ、土質などに特徴《とくちょう》があるように、我が人生も我独特のものである。それを登ることの楽しさを我は知るのである。その楽しさは、必ずしも「楽である」わけでないが、自らのもつ肉体と頭脳と精神力を駆使《くし》し、自らの掲《かか》げた目標に一歩ずつ近づく充実感と、達成感を味わう楽しさである。それは、他の生命とともに呼吸し、木々の葉のきらめきに目を細め、鳥たちの声に聴きほれ、川の流れに心を安らげ、冷たい泉に喉《のど》を潤《うるお》し、可憐《かれん》な花や豪華な大輪を愛《め》で、小動物の美しさに心躍らせ、花々の蜜の香り、芳醇《ほうじゅん》な果実を味わう楽しさである。一歩一歩、自らの足で山を登る者にのみ、これらの楽しみは与えられる。肉体的、精神的努力を「苦しみ」と思うことなかれ。これらは、楽しみを味わうための必須《ひっす》の手続きである。無限が有限を通して現れ出る過程である。困難と戯《たわむ》れ、努力を喜ぶのが一流の登山家である。

人生はまた、神の子・人間の愛を実践するための練習場である。神の子である人間とは、自分だけのことではない。「肉体」という個々別々の〝皮袋〟をかぶっているように見えても、すべての人間が内在の神性を表現しようとしている神の子であるから、神において互いに兄弟姉妹であり、魂の伴侶《はんりょ》である。すべての人間の真実の願いは、自他の障壁《しょうへき》を越える愛の実現である。もし我に敵対するように見える者がいれば、それは我の〝鏡〟だと知れ。我の敵対する心が、本来一体である彼または彼女に映《うつ》っているのである。我が敵意が、相手に映って見えているのである。敵意が「映り」、憎《にく》しみが「移《うつ》る」ように見えるのは、彼と我とがその本質において一体であるからである。一方の性質が他方に反映し、あるいは移動したりするためには、双方が同質でなければならない。したがって、彼と我とは一体である。我が「神の子」の本質を輝かし出せば、相手も「神の子」の姿を現すのである。だから、我はすべての人間に内在する神性・仏性を拝むのである。

今、我が前にすべての悪はなきなり。善一元の世界なり。悪と見えしものは、我が内なる「神の子・人間」の自覚が不充分であるときに現れる〝影〟のようなものである。影は光の不在である。影そのものは実在しない。それと同じように、悪は神の子の自覚の前には存在しない。神の子・人間である我が人生は、ただ善のみの世界なり。この真理を教え給いし神に、深き、厚き感謝を捧げます。ありがとうございます。

神の自己実現としての人生を自覚する祈り

神さま、私はあなたの自己実現としてこの世に生を受けた神の子です。神さまは、真実に存在するもののすべてを創造されましたが、その創造の過程《かてい》を繰《く》り返し味わう場を設《もう》けられ、そこに〝神の分身〟として私たち人間を派遣されました。私たちは、肉体という媒体《ばいたい》を通して、内に宿る神さまの御徳《おんとく》を開発し、表現する過程《かてい》をこの人生で体験します。それは、神の子が神さまの存在を自らの人生で確認することです。神さまの純粋・完全なる御徳は、私たち人間の無数・無限の具体的人生の上に表現されます。それを各人が実感し、自他ともに認め合うことで、神さまの創造が〝神の分身〟を通して合せ鏡のように確認されます。それが、神の自己実現としての人間の役割です。

純粋・完全な理念からは、無限の表現が可能です。「三角形」という理念から、私たちは具体的な三角形を無数に描くことができます。しかし、いったん具体的な姿となった三角形は有限であり、完全ではありません。正三角形、直角三角形、二等辺三角形などの具体的な三角形は、すべての三角形の特徴《とくちょう》を含《ふく》んでいないため、有限であり、完全ではありません。しかし、これらの多種多様な三角形が具体的に描《えが》かれることで、「三角形」という理念の無限性、完全性が形の世界において具体的に表現され、人間において感得されるのです。これと同様に、神さまの御徳である「知恵」「愛」「生命」は、無数・無限の具体的知恵、具体的愛、具体的生命を地上に表わすことで、それらの御徳の神性が表現され、感得されます。

神さま、私は今、わが人生のこの神聖な使命を理解し、感謝に満たされています。私は神さまの自己実現である神の子です。私は神さまの御徳である「知恵」を体現しています。私は神さまの御徳である「愛」の実践者です。私は神さまの御徳である「生命」の噴出口《ふんしゅつこう》です。知恵にもとづき、愛の心によって、生命力を駆使《くし》すれば、他への「供給」が生まれ、「喜び」が生じます。他の喜びによって自分にも喜びが生まれます。他への供給は新たな価値の創造ですから、地上の富は増《ふ》え、自分への供給も増加します。そこには奪《うば》い合いや争いはなく、互いの「調和」が実現します。神様の六つの御徳を実現する道が、ここにあります。

神さま、私は今、あなたの自己実現としての人生の意義を深く感じます。私は、自分に与えられた独特の環境と個性を通じて、「知恵」と「愛」と「生命」を地上に具体的に表現する神の子です。私たち人間の豊かな個性と多様性は、神さまの無限性、完全性が形の世界に現れつつあることを示していま す。私はその聖なる道程を、他のすべての人たちとともに、喜びに溢れて歩んでいる神の子です。私は生き甲斐をもって、この人生を「神生」として進んでいくことを誓います。

あぁ神さま、あなたの無限の知恵をもって私を満たし給え。あなたの知恵は、一個の肉体の〝我〟の利益を増すためのものではありません。それは神さまの御心《みこころ》のように、すべてに利益をもたらす偏《かたよ》りのない知恵です。私は今、神さまの知恵に満たされているのですから、私の知恵もまた、〝我〟の利益の増進をはかるのではなく、すべてを生かす知恵として現れます。

あぁ神さま、あなたの無限の愛をもって私を満たし給え。あなたの愛は、個物に執着《しゅうちゃく》し、犠牲《ぎせい》と報《むく》いを求める愛憎《あいぞう》の愛ではありません。それは神さまの御心《みこころ》のように、すべての共存と繁栄を望む偏《かたよ》りのない〝与え切り〟の愛です。私は今、神さまの愛に満たされているのですから、私の愛もまた無償《むしょう》、無執着、ただ与える愛として発現します。

あぁ神さま、あなたの無限の生命力をもって私を満たし給え。あなたの生命《いのち》は、その発展によって他のものが圧迫され、犠牲になるものではありません。それはすべてを包含《ほうがん》していますから、すべての命の発展が自己の命の拡大につながります。私は今、神さまの生命に満たされているのですから、私が生命を与えることで私自身が拡大します。それはもはや〝我《われ》〟の発展ではなく、〝我〟を含み、〝我〟を超えた全体の発展です。

神さま、私は今、あなたの自己実現としての人生の荘厳《そうごん》を知り、限りない感謝に満たされています。ありがとうございます。

観を転換して人生に光明を見る祈り

神さま、私は「神の子」として生きていることを心から感謝いたします。私が神の子であるということは、私には神さまと同じように、すべてのものを創造する力が与えられていることを意味します。私の肉体・環境・運命は、私が心でつくるものです。それは牢獄《ろうごく》の〝檻《おり》〟のように、私の外部に厳然《げんぜん》としてある堅固《けんご》な障害物《しょうがいぶつ》ではありません。私は「運命」とか「宿命」などという、私以外の何者かの力によって私の望まない方向へ押し流されたり、私の望まない行動を強《し》いられることはありません。それは、私の心の〝反映〟にすぎません。

もし私が、自分の望まない方向へ進んでいると思い、あるいは自分の嫌いな行動を強《し》いられていると感じるならば、それは私の潜在《せんざい》意識と現在意識のあいだに食《く》い違いが生じている証拠です。潜在意識にホコリが溜《た》まり、「神の子」の自覚が曇っているのです。また、現象世界の出来事に心を捕らえられて、「神の子」としての自分の実相を見透《みとお》すことができにくくなっているのです。現象世界は私の心の反映ですから、私自身が執着《しゅうちゃく》を捨てて心を整《ととの》え、「人間・神の子」の自覚を回復し、さらにそれを深めていけば、外部の環境は「神の子の生活」を送るにふさわしい形に必ず整ってきます。

「心を整える」という意味は、神さまの創造された実相世界に心を振り向けることです。神さまは「真実」なる存在ですから、神さまの世界には永遠に変わらない「真実」のみが存在します。神さまは「絶対の善」でありますから、神さまの世界には善のみ存在します。神さまは「絶対の美」でありますから、神さまの世界には美しいもののみが存在します。私は今、神の子としてこのことを信じるだけでなく、感動と喜びをもってそれを観じます。神さまの創造《つく》られた世界は真・善・美に満ちていることを、心の底から讃嘆《さんたん》します。

私の周囲の現象世界は、この実相世界を脳と心が解釈したものですから、人間の執着心や脳の状態によって歪《ゆが》んだり、曇って見えたりします。この「歪み」や「曇り」は、しかし真実の存在ではありません。真実の存在でないものに、私は心を捕らえられません。「実相世界に心を振り向ける」とは、現象世界の出来事の中から、「真実の存在」を暗示するものだけに心を振り向けることです。私がもし、虚偽《きょぎ》、悪現象、醜聞《しゅうぶん》等の、人生の暗黒面に心を向けていたならば、それを一転して、神の世界の「真実」と「絶対の善」と「絶対の美」を現象の背後に観じることです。それは喩《たと》えてみれば、人類の迷いを放送する〝暗黒放送局〟から、真実を放送する〝光明放送局〟へと、テレビのチャンネルを切り替えるように、心の波長を切り替えることです。

この「観の転換《てんかん》」ができれば、私の周囲の世界にはよい現象が自然に顕《あらわ》れてくるのです。それは、テレビのチャンネルを切り替えれば、切り替えた先の放送局の番組が画面に自然に現れるのと同じことです。人生の暗黒面を見る心を放棄して、光明面を見てほめたたえる心を開発し、育てることで、実相においてすでに在《あ》る真・善・美のドラマが、私の人生に自然に映し出されてくるのです。

「実相世界に心を振り向ける」ためには、「神の子」である自己の実相に目覚めなければなりません。自分自身を「罪の子」と思ったり、「悪人」と考えたり、失敗を繰り返す「欠陥人間」と信じているのでは、その自分を創造した神を「欠陥あり」と認め、神の世界の真・善・美を否定することになります。神の世界の完全さを否定していては、実相世界に心を振り向けることはできません。実相世界へ心を振り向けるためには、「我神の子なり」の自覚が不可欠です。こうして、自己内在の神性である真・善・美を自覚する程度にしたがって、周囲の世界にも「真実」と「善」と「美」が顕れてくるのです。

神さま、私はあなたが創造《つく》られた真・善・美の実相世界に心を振り向けることによって、私の肉体・環境・運命を通して神の御心を表現する「神の子」です。この尊い自覚を与え給いしことを、神さまに心から感謝いたします。ありがとうございます。

今ここに無限の富を自覚する祈り

神は無限の豊かさをもつ実在世界を創り給う。私は神の子として、その実在世界に創造せられたのである。だから私は、無限の豊かさに包まれているのである。私だけが無限の富を有するのではなく、神の創られたすべての実在が、互いに無限の富を与え合い、かつ享受《きょうじゅ》し合っているのである。これが実在世界の実相である。それ以外に、真理はないのである。

もし私の周囲に実在世界の無限の豊かさが感じられないならば、それは五官の感覚に捉《とら》われているからである。目に見えるとおりのもの、耳に聞こえるとおりのもの、鼻で臭《にお》うだけのもの、口で味わうだけのもの、肌で感じるとおりのものが、自分の感覚どおりに存在していると信じているからである。それらは皆、肉体が送ってくる刺激ではあるが、真実ではない。それらは皆、感覚器官が濾《こ》し取っただけの実在世界の断片《だんぺん》にすぎない。それらの〝刺激〟や〝断片〟を脳が適当に選択し、自動的に組み上げてできた〝架空世界〟が、五感の世界である。それは、肉体の生命維持に必要な情報を素早く得るために、脳内に性急に描かれたラフ・スケッチであり、実在世界の粗雑な〝映《うつ》し〟にすぎないのである。

無限の豊かさをもつ実在世界の全貌《ぜんぼう》は、だから〝映しの世界〟から知ることはできない。神の無限の富は、感覚の自動反応から知ることはできないのである。神の創造された実在世界を知るためには、神の御心《みこころ》に自己を振り向けなければならない。神の御心が何であるかを想《おも》い、自己を神に没入《ぼつにゅう》させるのである。

ああ、私はいま神の御心を深く想い、次のように祈るのである——

神は無限の知恵であり、無限の愛であり、無限の生命力にてあり給う。無限の知恵である神は、私が真に必要なものが何であるかを知り給うのである。しかして私だけでなく、すべてのものに真に必要なものが何であるかを知り給うのである。だから私は、神への信頼を固くもつのである。無限の愛である神は、私を愛し養《やしな》い給うのである。しかして私独《ひと》りでなく、神はすべてのものを愛し、すべてのものに真に必要なものを与え給うのである。無限の生命である神は、私に無限の命を分け与え給い、私の生命を無限に支え給うのである。しかして神は私独りの生命を支え給うのではなく、すべてのものの生命を支え、成長させ、繁栄せしめ給うのである。私はこのことを固く信じ、その神の御心をもって実在世界を想起《そうき》するのである。

私は肉体でなく、霊であり、神の分身である。私が肉体でなければ、自他との境界は消え去るのである。「貧しい」とか「乏《とぼ》しい」という思いは、自己を肉体として見るところから生じるのである。真に自己が神の分身だとわかれば、自他の境界は消え、すべての人々の富は自分の富だとわかるのである。それだけでなく、自然界のすべてのものは、それが真実存在である限り、神の分身としての自己の豊かさの一部であることがわかるのである。わたしは今、このままで豊かであり、無限の富を享受《きょうじゅ》しているのである。富は肉体に属するものではなく、神に属し、神の創造としての真実存在に属するのである。物質的な富——すなわち経済的価値は、真実存在としての富の不完全な〝映《うつ》し〟にすぎない。それらは、人間の心が仮構《かこう》した価値観の反映であるから、人間の心の動きによって千変万化《せんぺんばんか》するのである。

私は、そのような現象的な富の変動に心を捉《とら》えられないのである。私は、神の創り給うた真実存在のみに価値を認めるのである。真実存在を現象世界に反映させることが、本当の価値であり、本当の富である。だから、神の御《おん》徳《とく》である無限の知恵を出すことが富の実現である。神の御徳である無限の愛を出すことが富の実現である。神の御徳である無限の生命を出すことが富の実現である。私は神の子として、知恵を与え、愛を与え、生命を与えることで、実在世界の富を現象世界に表すことに喜びと生き甲斐を感じるのである。

この真理を与え給いし神に、心から感謝いたします。ありがとうございます。

不幸の非実在を観ずる祈り

神の創《つく》られた世界は完全である。すべてが充足《じゅうそく》し、互いに与え合い、支え合い、調和しているのである。そこには欠乏や奪い合い、盗みや争いはないのである。すべてのアイディアと美と善が充ち溢れ、法則によって秩序づけられているのである。そのことを指して、『創世記』は「神が造ったすべての物を見られたところ、それは、はなはだ良かった」と書いているのである。

私は神を心から信じ、神に絶大な信頼を寄せているから、このことを信じて、神が述べられた通りに宣言する――「神の創造されたすべてのものは、至美《しび》、至善《しぜん》、完全円満である」と。これが真理であり、実相であり、神の国の本当の姿であり、仏国土であり、浄土である。私は今、この実相世界に住む神の子であることの至福《しふく》を心から感じるのである。私の目はそれを見ること能《あた》わず、私の耳はそれを聴《き》くこと能わず、私の鼻はそれを嗅《か》ぐこと能わず、私の口はそれを味わうこと能わず、私の肌をそれに触《ふ》れること能わず。私はただ神の子として、心によって直接それを観《かん》ずるのである。

私は今、存在の実相を深く観ずるがゆえに、私の目に見える〝不幸〟は実在でないことを知る。私の耳に聞こえる〝不幸〟は真実でないことを知る。私の鼻で嗅ぐものは本物でないことを知る。私の口で味わうものは物の本質でないことを知る。私の肌で触れる感覚は真相でないことを知るのである。私が五官の感覚で知る世界は、神の創《つく》られた本当の世界ではないのである。

それは二重の意味で私の〝心の反映〟である。一つには、感覚は存在のすべてを感じず、存在全体の中から肉体の生存維持に必要なもののみを感じるからである。二つには、私は感覚したそのものを知るのではなく、知ろうとするものを感覚で補強するからである。すなわち、「知りたい」と欲するもののみを感覚から選択する。こうして、私は「欲するもの」を感覚する。だから、「私の前に不幸あり」と感じる時は、私がその〝不幸〟を映し出しているのである。それは神の創造ではなく、したがって実在でないから、現象として感覚されていても非実在であり、虚妄《こもう》であり、一時的投影《とうえい》であり、崩《くず》れゆくものである。

私の前に不幸が厳然《げんぜん》として存在するように感じられたとしても、それは神の〝怒《いか》り〟でも〝処罰《しょばつ》〟でも〝試練《しれん》〟でもない。神は〝不幸〟を創り給わず。

完全円満大調和の世界のみを創造されているのである。この信仰を堅持《けんじ》せよ。神への信頼を強く把持《はじ》せよ。〝怒る〟のは自分の心であり、〝処罰する〟のは自分の心であり、〝試練〟を求めるのは自分の心である。わが心の求めるものが、現象として自分の前に現われるのである。〝不幸〟と見えるものは、私の心の投影である。わが心が〝幸福〟を自分の都合に合わせて限定するとき、それ以外の現象は〝不幸〟として顕《あらわ》れるのである。本当は幸福であっても、自分で勝手に不幸を感じるのである。現象の幸不幸を神の責任に帰《き》すことなかれ。神は現象を創り給わず。実相と実在のみを創り給う。神の国と仏の浄土のみを創り給う。神の国では、すべての人々が初めから幸福なり。浄土に於《お》いては、すべての生物は初めから祥福《しょうふく》に満たされているのである。

私は今、存在の実相を深く観ずるに、すべての真実存在は完全円満であり、祥福に満たされていることを如実に知るのである。私が存在することが幸福である。私が肉体という道具を使えることが幸福である。その肉体を与えてくださった父母があることが幸福である。父母を初めとした先祖の〝刻《こく》印《いん》〟のある人生をもつことが幸福である。文化を共有できることが幸福である。動物と関係をもてることが幸福である。植物の花や果実を愛することができるのが幸福である。空や海や風や雲を感じることができるのが幸福である。そよ風や驟雨《しゅうう》や砕《くだ》ける波の音、雷鳴《らいめい》、稲妻《いなずま》、鳥の声、虫の音、小川のせせらぎ、滝の音、怒涛《どとう》の響《ひび》き……感覚を通じて知るこれらの現象自体が幸福だというのではない。それら無数の現象の背後にある最も偉大で確かな事実――これらすべての豊かで多様な現象を超えた創造主《つくりぬし》が在り、その神の創り給うた完全世界が今在ること。それゆえに〝映《うつ》し〟として現象が表れること

――このことが幸福の源泉である。現象世界は〝映し〟にしてすでに充分壮大《そうだい》で、美しく、善に満ち、アイディアに溢れているのだから、その〝源泉〟である神の国、実相世界はどれほどかを想《おも》え。思念せよ。黙想せよ。感覚の背後に実相あり。神の完全世界の直中《ただなか》にいて、私はただそれを観じ、感知すれば幸福はそこにあるのである。

神はわが幸福の源泉《げんせん》なり。神は不幸を創り給わず。〝不幸〟とは、肉体人間を我《われ》とする謬見《びゅうけん》が生み出した砂上《さじょう》の楼閣《ろうかく》にすぎざるなり。この真理を知らしめ給うた神に、満腔《まんこう》の感謝を捧げ奉ります。

「無駄なものは何もない」と知る祈り

「無駄《むだ》」は「空《むな》しい」から来たというが、神の創造し給う実在の世界には空しさはなく、したがって無駄もないのである。すべてのものが、すべてのものに対して目的と意味をもって存在しているのである。ある行為が、その目的とする結果をもたらさない時、〝無駄な行為〟と表現することがあるが、それは特定の目的に固執《こしゅう》した、特定の立場から見た偏見《へんけん》である。別の目的をもった別の立場の人が見た場合、同じ〝無駄な行為〟が〝偉大な結果〟への道程であることは数多くある。神は、特定の人間の特定の目的のみに合わせて世界を創られていないから、個人の狭《せま》いものの見方で神の創造を〝無駄〟と判断することは、間違いである。

「人間は肉体である」とする謬見《びゅうけん》によって人生を見れば、人生は無駄以外の何ものでもない。この見方では、人間は母胎《ぼたい》から分離されたときに始まると考え、その肉体が生理作用を止めたときに人間が終ると考えるのである。これでは、肉体の生と死の間に行われたすべての活動は無駄となる。どんな下《げ》劣《れつ》な行動も、どんな崇高《すうこう》な行為も、どんな破壊《はかい》も、どんな建設も、どんな苦しみも、どんな楽しみも、どんな貧しさも、どんな豊かさも、すべてが肉体の消滅とともに「終る」のだから、すべては無駄であり、すべては空しい。

しかし、「人間は不滅の生命《いのち》なり」との自覚から人生を見れば、人生のすべての経験がその人の魂の成長過程であり、神の子の本質が表出される過程であることが了解できるのである。

人生の道程における〝失敗〟は、だから本当の意味での失敗ではない。それは、実相・神の子の本質が人生に表出される際に、人・時・処において不足、過剰、遅速《ちそく》、混乱が起こった結果である。失敗だと分かれば、次の機会には人・時・処を正しく選び、不足、過剰、遅速、混乱が起こらない工夫をすればよいのである。この種の失敗は大抵、実相・神の子の本質を自覚せず、自己を感情の流れに任せたときに起こるのであるから、よろしく神想観を実修し、神の御心《みこころ》を我が心としてやり直せばよいのである。スポーツでも、技《ぎ》芸《げい》でも、学問でも、一見〝失敗〟と思えることの繰り返しを通してのみ、成功に到達するのである。その場合、数度の失敗で諦《あきら》めた人だけが、自《みずか》ら本当の失敗を選び、無駄を経験することになる。失敗を無駄と考えず、成功への

〝飛び石〟と考えて努力する者には、無駄は存在しないのである。

「無駄はない」とは、すべての存在が神の愛、仏の慈悲の表れであると観じるときに理解される。外形や物質的側面のみを見るならば、この宇宙には無駄が充満している。何十億光年もの広がりをもった物質宇宙の中の、銀河系宇宙の片隅《かたすみ》にある太陽系の中の、さらに小さな惑星《わくせい》である地球だけに「生」があると考えれば、他は「死の世界」であり、すべてが無駄なものとも感じられる。自分の幸福が、一個の人間の肉体的満足だと考えれば、自分の幸福に関わりのないすべて――宇宙の大部分は、無駄だと感じられるのである。しかし、大宇宙のすべての活動が、〝緑の惑星〟である地球を生み出し、維持するために必要であると分かれば、宇宙のすべてが、生あるものも、生なきものも、偉大な目的意識の下に統括《とうかつ》されていると観じられ、それを「神の愛」「仏の慈悲」と呼ぶことができるのである。

「無駄はない」と知ることは、どんなに浪費しても無駄遣いではないという意味ではない。それとは全く逆に、あらゆる存在が「神の愛」「仏の慈悲」の一部を表現していると知ることにより、あらゆる存在の意義を認め、それらの背後にある「愛」や「慈悲」の働きを引き出す努力につながるのである。放棄《ほうき》・浪費・破壊《はかい》をやめ、受容・節約・建設へと向うのである。人間関係についても同じである。人生で出会うあらゆる人々との関係は、無駄ではない。それらはすべて、我がうちなる神性・仏性を引き出し、「神の子」「仏」として互いに認め、讃嘆《さんたん》し合うための手続きであり、配役である。〝敵〟と見える人でさえ、自分の現象的不足を教えてくれる〝鏡〟であり、さらなる向上の道を切り拓《ひら》いてくれる教師である。

これらの真理を教示したまい、無駄のない人生を感謝して歩む勇気を与えたもう神に、満腔《まんこう》の感謝を捧げます。ありがとうございます。

「人生に迂回路はない」と知る祈り

神は無限の知恵であり、愛であり、生命《いのち》であり給う。神の懐《ふところ》は深く、大きく、無限の多様性に満ちてい給うのである。我は神の子であるから、神の世界から無限に多様なアイディアを受信しつつ、独自の人生を歩んでいるのである。神の世界には人生の類型《るいけい》はなく、早道もなく、迂回路《うかいろ》もない。したがって、神の子がどんな人生を歩もうとも、神の御心《みこころ》に沿《そ》うかぎり、その人は神の無限性を表現する者として、神から祝福され、愛され、加護《かご》されるのである。神の子・人間よ、貴方《あなた》が他人の進む方向へ行けなかったとて悲観するな。貴方が社会のエリートの道へ進めないと落胆《らくたん》するな。他と同じ生き方ができないことを「失敗」と言うなかれ。神の世界の無限の多様性の中では、他人と同じ生き方はありえない。神の世界の多様性の中には〝エリート〟は存在しない。神の御心に沿う者には〝失敗〟はありえない。神の御心を体現《たいげん》した者は、誰でも〝エリート〟であり〝成功者〟である。

人生に迂回路はないと知るには、貴方が毎日の通学や通勤や仕事で歩くコースを考えてみるがよい。貴方は歩くとき、周囲の景色を楽しんでいるだろうか。すれ違う人々の表情の明るさ、美しさに気がつくだろうか。それとも貴方は学校や仕事や家庭生活の不満を考えていて、周囲の景色を知ることがないか。すれ違う人々の不快な顔ばかりに注意が向くだろうか。もし貴方に後者の傾向があるならば、顔を上げて、明るい世界に注目しよう。空の美しさ、木々の葉の美しさ、路傍《ろぼう》の花の可憐《かれん》さには、神のメッセージが詰《つ》まっている。雨の雫《しずく》、風の勢い、無言の降雪《こうせつ》にも、神のアイディアが表れている。行程は、目的地のためだけにあるのではない。行程の中に目的があることもあり、行程そのものが貴方を導くこともある。

そのことに気がつけば、自分の人生行路が他人と違うと悩むのは愚《おろ》かなことである。神の無限の多様性を体現する人間には、それぞれ独自の、掛け替えのない、異なった行程の人生がある。他人と異なる道を歩んでこそ、他が思いつかない独自のアイディアを得るのである。世間から見て〝失敗〟と思われるコースを歩んで、他より抜きん出た業績《ぎょうせき》を残した人は数多い。それらは、神の無限性の表れである。神の世界を実現するには、無限に多様な行程が必要である。イエス・キリストも「狭い戸口《とぐち》から入りなさい」と教えられた。「狭い戸口」は貴方の前に開いている。それに気がつくためには、誰でも入れる「広い戸口」を探し回ってはならない。人生の指針を〝その他大勢〟の生き方に求めてはならない。貴方は神の子である。神から指針を求めよ。神の無限のアイディアが今、貴方に於《お》いて実現しつつあることを信ぜよ。神想観して、自己内在の神の声を聴け。そこから、貴方の神の子の行程が切り拓《ひら》かれるのである。

無限の知恵と愛とアイディアを我に与え給う神に、深く、厚く感謝いたします。ありがとうございます。

「偶然はない」と知る祈り

現象世界とは、原因と結果の法則を通じて実相が表現されつつある世界である。植物の種《たね》を蒔《ま》けば、やがて芽《め》が出て成長し、条件が整《ととの》えば花を咲かせ、そして実をつける。種まきをしてもすぐに実はできないように、原因と結果の間には時間的経過が必要である。また、種から実は直接生じないように、原因と結果の間には「過程《かてい》」が必要である。その過程では、数多くの補助的原因（助因）が働くのである。それらは、発芽《はつが》や成長のための温度であり、土中の適度の湿《しめ》り気《け》であり、成長を助ける栄養素であり、太陽光であり、水分である。これらの助因（縁《えん》）が植物の環境に整《ととの》うことで、因果《いんが》の法則が働いて植物は成長する。種の中には、植物の成長と結実に必要な情報がすべてそろっていても、それらが現象として現われるためには、環境の諸条件――「縁」が整う必要がある。

原因と結果の法則を「因果の法則」ともいう。因果の法則は目に見えなくとも、物質世界の全面を支配しているのである。だから、原因がないのに、何かの結果が生じることはない。言い換《か》えれば、理由もなく偶然《ぐうぜん》、何かが起こることはないのである。現象界の物事には、必ずその背後に原因があり、また結果を生むための縁（助因）が必要である。だから何の原因も理由もなく、物事が突然起こったように感じられても、それを「偶然だ」と考えて理性の働きを止めてはならない。

理性は、神の子たる人間が神からいただいた貴重な宝である。理性を働かせて物事の原因をつきとめるのは、人間の本性である。それを晦《くら》ますことなかれ。「偶然に」起こったと見える物事の背後には、その物事を理解する〝鍵〟が隠されている。その〝鍵〟を探し当て、現象の扉を開いて物事の原因を見つける者は幸いである。科学はそれによって大いに発達した。それは、神の子たる人間の理性が作り上げた偉大な作品である。

物事の原因を知る努力を放棄して「神」の責任に帰すことなかれ。例えば、突然の不幸を神の「試練だ」と考えてはならない。完全円満の実相世界を創られた神は、「病気」や「事故」や「事件」のような悪現象を創り給わず。「失敗」や「不幸」や「愚《おろ》かさ」に悩む人間も創り給わず。したがって、存在しない〝愚かな人間〟を導くための「試練」も実在しないのである。また、不幸の原因を「悪魔」や「悪運」や「悪業《あくごう》」に帰すことなかれ。神は実相において、悪魔も悪運も悪業も創り給わず。だから、悪魔も悪運も悪業も実在しないのである。それらは「悪実在」でなく「悪現象」である。過去の悪因が、現象として悪果を生じたように見えてはいるが、「悪果」が実在するのではなく、本来の「善果」の全相が現われていない状態を、仮に「悪果」と称するのである。

理性の力で悪果の原因が分からないときは、現象から目を上げて実相に振り向くがよい。悪現象に過度に捉《とら》われてはならない。悪現象の背後に悪因が実在すると考え、それを排除しなければ永遠に悪果が繰り返すと考えてはならない。悪因の力は、悪果が現象することで消えるのである。だから、たとい悪果の原因が分からなくても、善の種《たね》を蒔《ま》く努力をせよ。闇の原因が分からなくても、光を拡げれば闇は自然に消えるように、過去の悪を思い出せなくても、善を念じ、善を語り、善を行なうことで、本来実在している善が現象するのである。

神さま、ありがとうございます。神さまの創られた世界には悪因縁も悪業も存在しないことを私は宣言します。私は今、善一元の世界のただ中にいて、神さまの御徳である知恵と愛と生命に満たされてあります。私の人生に「偶然」はありません。私の内部の神性が晦《くら》まされているとき、何かが「偶然」に私を襲《おそ》うと感じるのです。私は今、神の子なる自己の真性に目覚めたのですから、私の周囲に現われるものは、すべて自己の心の反映であることを知りました。私はこれから偶然を必然と化し、自由自在の人生を送ることを神さまの御前《みまえ》に誓います。ありがとうございます。

「終り」は「始まり」であることを知る祈り

私はいま神の御前《みまえ》に座して、神の創造《つく》り給いし宇宙の実相を観想《かんそう》するのである。神は完全円満にして、知恵無限、愛無限、生命無限、供給無限、喜び無限、調和無限の御徳《おんとく》を備え給う。その御徳の表現である実相世界は、だから無限の知恵に満ち、無限の愛が現れ、無限の生命に溢れ、供給は無限であり、喜びは無限に続き、無限に調和しているのである。そこには失敗はなく、憎《にく》しみはなく、死はなく、欠乏はなく、悲しみはなく、衝突はあり得ない。この完全円満なる実相世界に、私はいま「神の子」として生かされているのである。神の子の本質は神である。だから、私は完全円満にして、知恵無限、愛無限、生命無限、供給無限、喜び無限、調和無限である。

しかし、無限が無限のままでは自らを確認できないのである。自己を確認するためには表現が必要であり、表現するためには表現の媒体《ばいたい》が必要である。だから生命は皆、肉体や霊体《れいたい》などの「体《たい》」を形成するのである。肉体は、無限が有限を通して自己表現するための一時的媒体である。だから、始まりがあり終りがある。無限の表現のためには有限が必要であり、有限が繰《く》り返されることが必要である。それは、画家が有限の大きさのカンバスを使い、音楽家が有限の長さの音楽を演奏し、実業家が有限の規模の事業を行い、スポーツ選手が有限の大きさの競技場や「ルール」という限定を必要とするだけでなく、絵が何枚も描かれ、演奏《えんそう》が繰り返され、事業がいくつも生まれ、競技や試合が何回も行われるのと似ている。有限の表現が変化し、多様化しながら繰り返され、向上することで、無限が表現されていくのである。

私はいま神の御心《みこころ》を静かに観ずるに、この現象世界は無限表現の舞台であることを知る。物事は変化しながら繰り返され、繰り返されながら変化していくのである。諸行無常《しょぎょうむじょう》といえども、無常は無秩序でなく、変化には一定のパターンがあり、そのパターンが繰り返されるのである。一日は、朝で始まり夜に終る。一年は、春夏秋冬を経《へ》て十二ヵ月で終る。人間の肉体には誕生があり、成長があり、老衰《ろうすい》があり、死がある。物事には始まりがあり、終りがあるといえども、終りはすなわち始まりである。夜のあとに朝があり、冬の後に春があり、死の後に生があり、その継続が繰り返される。この変化と繰り返しの過程で、無限の表現が行われるのである。時間と空間のひろがりの上に有限が展開することで、無限は表現されるのである。

私はだから、変化を恐れないのである。終りは始まりの揺籃《ゆりかご》であり、始まりは一層高度な表現を約束する。失業は新方面への発展を切り拓《ひら》き、転勤は自己拡大のチャンスである。一つの環境に留《とど》まっているのでは「神の子」の表現はできない。一つの能力に頼《たよ》っていては「神の子」の力は発揮できない。一分野の知識だけでは「神の子」の知恵は開発されない。一つの仕事だけでは「神の子」の無限性は表現できない。一回の人生では「神の子」の全相が現れるものではない。しかし私は、「一つ」をおろそかにしないのである。「一つ」は「無限」への階段である。一段を踏み外《はず》すものは十段に達することができない。基礎《きそ》をおろそかにして応用は不可能である。与えられた場で最善を尽くすことで、次なる飛躍《ひやく》が初めて可能となるのである。

私はいま神の御前《みまえ》に座し、私自身の内部神性――すなわち「内なる仏」を観想するのである。私はこの「神性・仏性」そのものである。私の周囲のあらゆるものは無常であり変転するが、この「神性・仏性」は変わることなく私に語りかけ、「汝、真を生きよ」「善をなせ」「美であれ」と囁《ささや》くのである。この声こそ私の本質であり、これを表現することで私は生き甲斐を感じ、魂の喜びを得るのである。それが神の子の生き方である。神の子の生命に「終り」はない。神の子の表現に「終り」はない。それは新たな出発であり、次の段階の「始まり」である。この真理を教え給いし神に、無限の感謝の意を表現し奉る。ありがとうございます。

人生のすばらしさを観ずるために

真我を自覚して「魂の半身」と出会う祈り

私は今、神さまの御前《みまえ》に座し、「神の子」であることの尊さを観じます。神さま、ありがとうございます。私があなたの子であるということは、あなたの万徳の継承者であるということです。あなたは宇宙の万物において、多様な美と、与え合いの愛と、共存共栄の知恵を表わされています。そのことを私が感得し、理解し、深く共感することができるのは、私の心の内奥《ないおう》に神さまの御徳と同じものがあるからです。これが、私の「内なる神の子」の本質です。

私は今、その尊い〝自己内奥の本質〟を明らかに自覚します。私が、宇宙に満ちる法則の知恵に感動するのは、私の本質が宇宙に満ちる知恵と同質であるからです。私が親子の愛、隣人への愛、恋人への愛、夫婦の愛、兄弟愛、国家や民族への愛を感じるのは、私がそれらすべてと〝内奥の本質〟において一体であるからです。私が人類のみならず、動植物を含めた地上すべての生命を愛《いと》おしく感じるのは、それらすべての生命と私とが同根の命であるからです。

私は一個の小さな肉体の中に閉じ込められた無力で、寂《さび》しい存在ではありません。私は、宇宙に満ち満ちた知恵と愛と生命である神さまと共にありますから、神さまにおいて宇宙のすべての存在と一体です。肉体だけを見ると、私は自分以外のあらゆるものから分離しているように見えますが、〝自己内奥の本質〟である知恵、愛、生命において、私は宇宙のすべての存在とつながっている幸せな神の子です。もし私が、人生の伴侶《はんりょ》をいまだ見出せずにいるならば、それは〝自己内奥の本質〟において既にすべてを与えられていることを忘れ、一個の肉体としての自己を本当の自分だと考えているからです。霊的存在である自己を忘れ、肉体的存在である自己のみを自分だと感じているからです。

肉体的に見るならば、すべての人間は「個」であり「個別」であり「孤独」です。恋人も夫婦も親子も兄弟姉妹も、肉体は互いにバラバラです。肉体を「我なり」と感じれば、すべての関係は一時的であり、刹那《せつな》的です。そのような孤独感や刹那的関係からくる空《むな》しさは、周囲に暗い雰囲気を発散《はっさん》します。伴侶になるべき人が近くにいても、暗い雰囲気は人を寄せつけず、近寄る人を不安にします。しかし、私は今、人間は神の子であり、すべての存在と神において一体であることを自覚したのですから、もう孤独感に縛られたり、刹那的関係の虜《とりこ》とはなりません。私は本来自由の神の子であり、あらゆる束縛《そくばく》から〝ホドケた〟仏です。私は決して寂《さび》しくなく、永続的な安定した関係の中ですべての存在と一体です。それは肉体のことではなく、霊的自己の実相です。

神さま、私は今、神の子なる私の実相を再確認します。私は、神さまにおいてすべてと一体であり、無限幸福の中にいる神の子であることを宣言します。そのことを、命の底から宣言します。それが本当の祈り（命宣《いの》り）であり、実相を語るコトバです。本当の祈りはきかれないはずがありません。この「人間・神の子」の真理に目覚めるとき、私の個性は最も自然に、最も健全な形で明るく、伸び伸びと表現されます。この明るさと自然さが、私にとっても最も適当な伴侶――〝魂の半身〟を呼ぶのです。

〝魂の半身〟とは、互いに欠けた部分を補い合う関係ではありません。半分と半分が加わって「一つ」になるのではなく、一個人と見えていた人間同士が互いに個性を発揮《はっき》し、内在の神性・仏性が動き出し、潜在能力が開発され、「五」にも「十」にも拡大するのが結婚生活です。肉体や物質や財産のことではありません。自己内奥の神性・仏性の協同開発者であり、霊的成長にとって欠くべからざる相手のことを〝魂の半身〟と呼ぶのです。

私の〝魂の半身〟はすでにそこにいます。今ここにいます。私の魂の内奥の本質が輝き出すとき、その響きに感応して貴方は現われます。貴方は神において、私を呼んでいます。私は貴方に相応《ふさわ》しい「神の子」としての人生を生きることにより、必ず貴方と出会うのです。なぜなら、神において私たちはすでに一体であるからです。

神さま、この尊い自覚を与え給うたことを心より感謝いたします。ありがとうございます。

「魂の半身」を讃美する祈り

神さま、私はいまあなたの前に座して〝神の子〟たる私の実相を観じます。

神さまは無限の知恵であられますから、私もまた知恵に満たされています。

神さまは無限の愛であられますから、私もまた愛に溢れています。神さまは無限の生命《いのち》であられますから、私もまた生命力に満ちあふれています。知恵と愛と生命《いのち》に満ち溢れた私には、何も不足なものはありません。実相においては、私の魂に何かが欠落《けつらく》していて、そのことが不安で、あるいは寂《さび》しく、その欠落を埋《う》めるために何かを求めるということはありません。私は〝神の子〟ですから、すべてのものがすでに与えられずみであり、喜びに満たされているのが本来の私です。

もし私が、心に何か不足を感じているとしたら、それは私の魂に〝欠乏〟や〝欠落〟があるのではなく、神さまからいただいている有り余るほどの豊かな知恵、愛、生命力を内部に蔵しながら、それらをまだ自覚していないからです。自分自身を「肉体」だと見て、その外見や外面的性質の不足や欠《けっ》陥《かん》を〝自己の欠陥〟だと見ているから、心に不足や欠落を感じるのです。この欠落感を外部から埋め合わせ、補ってくれるのが異性であり、恋人であり、配偶者であると考え、そういう相手を〝魂の半身〟として求めているのです。しかしこれでは、自分を「欠陥あり」と信じながら、相手を自分の欠陥を補う手段として見ていることになります。これは「肉体人間」の自覚にもとづいた欠乏感にほかなりません。

神さま、私はいま「神の子・人間」の自覚にもとづいて〝魂の半身〟を正しく観じます。〝魂の半身〟とは不足を補う便利な手段ではなく、互いの知恵を与え合い、愛を与え合い、生命力を与え合って、地上に家庭や家族、協力者、協同事業者、伴侶《はんりょ》というような、「個」を超えた「結び合い」「生かし合う」姿を具体的に表現するための、掛け替えのないパートナーです。神さまからいただいている無限の知恵、愛、生命力を私がただ「内蔵する」だけでは、それは現象世界で「可能性」として隠れたままです。それを具体的に表現するためには、「相手」が必要です。知恵を表現するためには「問題」や「課題」も必要です。愛を表現するためには、愛の対象、愛の受け手が必要です。生命力を行使するためには、自らの肉体を使って生命《いのち》を注《そそ》ぐ相手が必要です。〝魂の半身〟とは、このように私の「神の子」としての無限の可能性を具体的に引き出し、共有し、認めてくれる尊い存在です。

〝魂の半身〟は、自己の目的に奉仕する便利な奴隷ではありません。彼または彼女は、「個」の生活では開発され得なかった自分の魂の未開発部分を、思いやりと理解をもって引き出してくれる観世音菩薩です。観世音菩薩が世の中の音《ひびき》を観じて、それに応じて身を変じ衆生《しゅじょう》を導いてくださるように、〝魂の半身〟は私の心の響《ひび》きを感じて、そのごとくに姿を変じ、私の「神の子」

としての真性《しんせい》を引き出し、ともに成長し、ともに楽しみ、ともに讃《たた》え合う切実なる体験を提供してくれます。夫よ、妻よ、恋人よ、伴侶よ、あなたは私の〝魂の半身〟です。あなたの存在なくして、私の「神の子」としての本性は地上に顕現しえず、人生の真実なる喜びと生き甲斐《がい》の体験を得ることはできません。私に何かが欠けているのではなく、あなたに何かが欠けているのではなく、私とあなたが互いの神性・仏性を〝表現する場〟として二人の関係を共有しているので、互いに〝半身〟と呼び合うのです。

ああ〝魂の半身〟よ、あなたは私の人生の協同構築者です。私はあなたの人生の協同制作者です。あなたは私の神性・仏性の協同開発者です。私はあなたの神性・仏性の協同表現者です。歌に作詞家と作曲家が必要なように、私の神性開発には私とあなたが必要であり、あなたの神性表現にはあなたと私が必要です。それは作詞家に何かが欠けているのではなく、作曲家に何かが足りないのでもありません。二人の芸術家がそれぞれの得意な分野で能力を発揮することにより、個々の表現とは別次元の新しい芸術を生み出すのと同じです。私とあなたはそれぞれに神性・仏性を宿していながら、互いの表現を共通の場に重ね合わせることにより、別次元の新しい人生芸術を構築していきます。私はそんなあなたを尊敬し、神の子として礼拝します。

彼（彼女）の実相を観じて和解する祈り

神さま、私はこの現象生活で人との不調和を感じるとき、「祈りて待て」

というあなたの言葉を思い出します。「祈り」とは命《いのち》の宣《の》りごとであり、心の底からの宣言です。現象世界は心の現《あらわ》したものですから、私がどれほど心底から強く、頻繁《ひんぱん》に「ある思い」を抱《いだ》いているかで、私の人生に出現する事物や現象は変わってきます。現象界に何かが出現するためには、物質的材料が動き、組み合わさり、一定の事物や現象が形成されるための「時間」が必要です。この「時間」を、私たちは無為《むい》に使ってはならないのです。

私たちが「ある思い」を抱《いだ》いてから、それを打ち消すような別の思いを抱けば、最初の「思い」が現れる力は消えてしまいます。私が本当に彼（彼女）と和解するつもりならば、和解の念波《ねんぱ》を打ち消すような思い――彼（彼女）の欠点、許せない過失《かしつ》、不快な言動、彼（彼女）への不信――などを、私は心に呼び起こしません。その逆に、彼（彼女）の美点、彼（彼女）の優秀さ、彼（彼女）の笑顔や親切、彼（彼女）との信頼関係を思い出し、あるいは心で創造して、「彼（彼女）と和解しつつある自分」を心の中に生き生きと描き続けます。私は今、端座瞑目《たんざめいもく》して彼（彼女）の顔を思い浮かべ、優しい表情の彼（彼女）が私を見つめ、私への好意と愛と友情を放散《ほうさん》している様子を、具体的に、感情を込めて心に描きつづけます。

神さま、ありがとうございます。私は彼（彼女）を愛しています。彼（彼女）と我《われ》とが一体であるとの深い感情が今、私の心に湧《わ》き上がっています。これまでは彼（彼女）が自分の意のままに動くことを望み、それが叶《かな》えられないと怒りを感じていましたが、神さま、私はもう彼（彼女）が神の子であることを忘れません。神さまは私を強制して、神さまの御心に無理矢理したがわせることをされません。それと同じように、神の子である私は彼（彼女）を強制して、自分の意思にしたがわせようとは思いません。彼（彼女）も私も、神さまの御前《みまえ》では全く同じ価値ある神の子です。神の子は自由であり、神さまは自由意思を尊ばれますから、私も彼（彼女）に執着《しゅうちゃく》せず、彼（彼女）の自由を尊重します。私は彼（彼女）に感謝します。彼（彼女）は私の人生を彩《いろど》り、変化を与え、互いに切磋琢磨《せっさたくま》することで、神の子の本質を輝き出だす契機《けいき》を与えてくださいました。私は彼（彼女）に感謝します。

神さま、私は今、「彼（彼女）の実相は神の子なり」と心の底から宣言します。それが「祈り」です。そして、彼（彼女）の実相をアリアリと感じるまで祈りをやめません。それが「待つ」という意味です。一度や二度、彼（彼女）の笑顔を思い出して「彼（彼女）の実相は神の子です」と口先で唱《とな》えただけで、あとは心の中で彼（彼女）の悪口を言ったり、彼（彼女）の憎《にく》むべき過去の言動を心に思い浮かべているのでは、祈っているのでもなく、待っているのでもありません。「彼（彼女）と和解する」との願いを立てたならば、その願いを恒常化《こうじょうか》させ、さらに強めるために、私は意志の努力を続けます。「待つ」という意味は、「信頼して待つ」ことです。このくらい彼（彼女）のことを祈り、自分は彼（彼女）にこれだけ譲歩《じょうほ》したのだから、あとは彼（彼女）の方から自分に歩み寄るべきだと考え、彼（彼女）の誠意を試《ため》すのでは「信頼している」ことにはなりません。彼（彼女）を「試す」心を起せば、彼（彼女）も私を「試す」でしょう。人間の心は、互いに敏感《びんかん》に感応《かんのう》し合うのです。

私が彼（彼女）を信頼すれば、彼（彼女）も私への信頼の気持を起こします。なぜなら、私と彼（彼女）は神さま、あなたの世界――実相においてはすでに魂の兄弟姉妹であり、実相世界には信頼しかなく、猜疑心《さいぎしん》も嫉妬《しっと》も裏切りもウソも存在しないからです。本当の和解は、双方が無理に心をネジ曲げて行うのではなく、神さまの世界に初めから存在する大調和の関係を、形の世界にそのまま表現することです。だから、心の「力み」や「緊張《きんちょう》」は不要です。私はただそのまま、神の子の心を出すのです。

神さま、私は今あなたの教えを聞き、感謝に満たされています。私と彼（彼女）とは、あなたに於《お》いて一体の神の子同士です。私の中で、彼（彼女）への不自然で、頑《かたく》なな思いは消えていきます。それは私の力によるのではなく、神さまの愛と調和の世界に、私が素直に振り向くことができたからです。気がついてみれば、この世界には神さまの大調和の世界しか存在しません。私は彼（彼女）とともに、その世界に生きる神の子です。私と彼（彼女）はあなたに於いて一体であります。ありがとうございます。

愛行実践歓喜増幅の祈り

神さま、私は神の子であります。あなたの無限の愛をいただき、あなたの無限の知恵に輝き、あなたの無限の生命《いのち》に溢《あふ》れています。私はあなたとしっかり繫《つな》がれていますから、無限に愛し、無限に工夫し、無限に活動することができます。私だけでなく、すべての人間が神の子ですから、すべての人々は無限の愛をもち、知恵に輝き、生命に溢れているのが実相《ほんとのすがた》です。実相においては、すべての人々が神さまとしっかり繫がれていますから、それが自覚され、神の子の本質が顕現すれば、愛行は地に溢れ、失敗や衝突《しょうとつ》はなくなり、病や死のない天国浄土が実現します。今この地上にその実相が映《うつ》し出されていないのは、すでに実在する「神の子」の本質を自覚し、表現する人が充分の数に達していないからです。

神さま、愛行とはあなたの無限の愛を受ける私が、その〝愛の奔流《ほんりゅう》〟を堰《せ》き止めずに他へ回す行為《こうい》です。「他へ回す」とは他が枯渇《こかつ》しているからではなく、他に流れるあなたの愛と、私に流れるあなたの愛が同一であることを確認するためです。愛は、一箇所にじっと溜《とど》まっているだけでは愛の役割を果たしません。生命の流れに乗り、知恵に導かれて他へ流れいくとき、地上の現象として初めて愛が具体的に顕現《けんげん》し、愛の目的が達成されます。それは母親の乳が乳房に溜まっているだけでは、母乳本来の目的を達成せず、却って母親を苦しめるのと同じです。母乳は子に与えることによって、子を育てるだけでなく、母親に満足感を与え、母子の一体感を深めます。私の愛も、私の心に眠っているだけでは目的を達せず、私に満足感を与えません。具体的な行為として愛を実践することで、私は愛を全うし、相手と自分との一体感を味わうことができるのです。

愛行とは、すべての人の中に流れる神の無限の愛を、互いに認め合い、湧《わ》き上がらせ、体験するための喜び溢れる行為です。それは、地下を流れる清き泉を探り、掘り当てて、周囲の人々とともに喜び、分かち合うことにも似ています。所かまわず掘《ほ》るのではなく、神の知恵に聴《き》き、周囲の状況を的確に観察し、相手の心を感じ、押しつけがましくなく、かと言っておどおど躊躇逡巡《ちゅうちょしゅんじゅん》することなく、力強くスコップを地面に入れるように、勇気をもって実践します。私の内にある知恵と愛と生命を動員し、神さまの目的に合致《がっち》させれば、相手の内なる愛が共鳴し、相手は心を開き、私の愛を受け入れてくれるでしょう。「私の愛」と仮に言うけれども、それは神の無限の愛が「私」という表現口を通して地上に湧き出る泉です。「相手」と仮に言うけれども、それは神の無限の愛のもう一つの湧出口《ゆうしゅつこう》のことです。同じ神の愛が表現を求めているのですから、私が出口を開ければ〝愛の奔流〟は必ず流れ出します。

ああ、神さま。私は今、あなたの無限の愛が私の中で鼓動し、表現を求めていることを感じます。私は今、あなたの無限の愛が地上のすべての人々の中で活動し、表出しつつあることを感じます。この世界は、私たち神の子が、それぞれの自発的意思により、それぞれの個性を通して、それぞれの工夫によって、内なる神の愛を表現し〝自他一体〟の喜びを実感するための楽しい練習場です。どんな小さな愛の行為も、その意味において神の御心《みこころ》にかなう価値ある善行《ぜんこう》です。その一つ一つが〝神の国〟の地上実現を推進するだけでなく、私たちの神の子の本性を満足させ、魂の歓びを増幅《ぞうふく》させます。この喜びは、すべての人々に伝播《でんぱ》し共有されるものですから、愛行の実践により人類の喜びは益々増幅していきます。

私は今、神さまの無限の愛の表現口として、歓喜に満たされてあります。

ありがとうございます。

神の子の希望実現のための祈り

神さま、私は神の子であり本来、自由自在の存在です。「神の子」とは、仏教では「仏」のことです。仏さまは、何ものの束縛《そくばく》も受けない「ホドケ」た存在です。だから仏教では、すべての人間に仏性ありと教えるのです。人間は本来、自由な存在だという意味です。キリストが「神の国は、実にあなたがたのただ中にある」と教えられたのも、心から束縛がなくなれば、人間は神の国に入ることができるという意味です。このように、私の本性は自由自在ですから、私が何かに縛《しば》られて動きが制約《せいやく》されたり、運命の手から逃れられなかったり、誰か他人の言いなりにならなければ生きていけないことは、本来あり得ません。私は神の子として、このことを高らかに宣言します。

神さま、私はあなたの子として本来、自由自在です。自由とは、人間のみに許された特権です。すべての生物は、創造主《つくりぬし》としての神さまの御徳を一部表していますが、「意思の自由」という点で、人間は最も完全に神さまの御徳を体現しています。だから、とりわけて「人間は神の子」と宣言するのです。もし私が何かに縛られたように不自由を感じているとしたら、それは私の外にある「何か」が私を縛っているのではなく、私自身が自らの自由意思によって「こうでなければならない」と自分を縛っているのです。私自身が「神の子」である自分を認めず、「自分はこの程度」と自己限定し、すべての人々に宿る神性・仏性を認めずに「他人はこの程度」「社会はこの程度」と他人や社会を限定しているからです。人間は、自分の認める通りのものを現象界に表すという唯心所現《ゆいしんしょげん》の法則を逆用しているのです。

神さま、私はあなたの子として自由意思をもっているのですから、自己限定して自らの可能性を縛りません。私は、神さまの御意思を実現するために、本来の自由を行使します。あなたの御心《みこころ》にかなうことが実現しないはずがありません。過去にもし、私の思うことが実現しないことがあったならば、それは私が神さまの御心を聞かず、現象的損得を優先して物事の実現をはかったからです。「我、神の子なり」の自覚なしに物質的・経済的成功を求めたからです。「時流」「流行」「他人の評価」のみを基準として、自己内在の「神さまの御声」に聴《き》かずに、名誉や富を追求したからです。肉体人間の欲望から自由になっていなかったからです。私はいま、「我、神の子なり」の自覚にふたたび目覚め、神さまの御意思を私の生活に表すことで、過去の束縛から自由になることができます。

あぁ、神さま。私はあなたの御心を地上に表現するために生きている神の子です。神さまは対立や争いなどの不完全を創造されていませんから、神の子の前にも対立や争いが生まれる必要はありません。もし対立や争いがあるように見えるならば、それは私の希望が神さまの御心と充分一致しておらず、私の生き方が神さまの御心を充分反映しておらず、あるいは対立や争いの相手に対して、私の思いが充分伝わっていないからです。私は神さまの御心をよく聴き、神さまの創造になる世界には不調和が存在しないことをよく知り、私に内在する神さまの御徳を充分に発揮して、「私の希望は神の御心なり」との堅《かた》い信念をもって希望実現の道を邁進《まいしん》いたします。

神さまの御徳とは正しい「知恵」であり、無償の「愛」であり、無限の「生命力」です。私は神の子ですから、知恵を求めかつ表現し、愛を与えることを惜《お》しまず、生命力を行使して様々な分野に挑戦することに喜びを感じます。私はすべての人々と調和して進むばかりでなく、存在のすべてに――動植物や菌類《きんるい》などの生物、大自然や地球環境とも調和して、「真」と「善」と「美」

を地上に顕現《けんげん》するために、希望と喜びの人生を歩んでまいります。神さまの御心にかなう希望は、必ず実現するからです。

この大いなる自覚と、希望実現の信念と勇気を与えてくださった神さまに、心から感謝申し上げます。ありがとうございます。

コトバの力を駆使《くし》して運命を創《つく》る祈り

神さま、私は神の子であります。私はそのことを今、再確認します。神の子は常に神さまの愛に護《まも》られています。ですから、私の周《まわ》りに〝敵〟や〝悪〟があるはずがありません。神の子は常に、神さまの知恵に導かれているのですから、ゆく道に迷ったり、過《あやま》ちを犯《おか》すはずがありません。神の子は常に神さまの命《いのち》に生かされているのですから、病気にかかったり、衰《おとろ》えたりすることはありません。それが私の本来の姿——実相です。私はこのような完全円満の実相を有していることを、再確認します。

神さま、私は神の子としての実相をもちながら、「肉体」という道具をいただいて地上で生活しています。この場合、「神の子である」という意味は、神さまが実在世界を創造されたように、私も自分の周りの現象世界を創造するということです。神さまが実在世界を造られたのは、聖経に書いてあるように、神さまの「心動き出でてコトバとなる」ことによってです。私も「心を動かしてコトバとする」ことによって自分の世界を創造するのです。ですから、私は「与えられた世界」の中で諦《あきら》めて生きるのではなく、コトバの力を使って「自分の世界」を創造しつつあるのです。この地上での「運命」とは、だから「与えられた」不動のものではなく、コトバによってつくり変えることができるものです。

私の周《まわ》りの世界は、私の〝作品〟です。もしそこに不合理が展開しているように見えるならば、誰かが不合理な世界を造って私に押しつけたのではなく、私自身が「不合理」という色で自分の世界を彩色《さいしょく》しているのです。もしそこに不公平が見えるならば、私自身が「不公平」という色で世界を塗《ぬ》っているのです。不合理も不公平も神さまの世界には存在しません。それは、私がコトバの力を使って、自分の周りに幻灯機《げんとうき》のように映《うつ》し出しているにすぎません。罪も病も死も、私の心が同じように映《うつ》し出した虚像《きょぞう》にすぎません。

神さま、私は神の子であります。神の子は、神さまの創られた実在世界にあるものをコトバの力によって表現することに喜びを感じます。それが、コトバの力の正しい使い方です。コトバとは、身《しん》・口《く》・意《い》の三業《さんごう》を指します。身体《からだ》によって、口によって、意《おもい》によって心を表現することです。一回の「行為」ではコトバの力は小さくとも、それが同方向に繰り返されることで、「行《ぎょう》」は「業《ごう》」となって大きな力を発揮します。善い行為、善い言葉、善い想念を繰り返して表現することによって、「善行《ぜんこう》」は「善業《ぜんごう》」となって私の運命を形成します。その逆に、悪い行為、悪い言葉、悪い想念を繰り返せば、悪業の力を強め、悪い運命を形成することになります。それは、コトバの力の誤った使い方です。

神さま、私は神の子ですから、神さまの実在世界に存在しないものを表現することを喜びません。悪行《あくぎょう》や悪口《あっこう》、悪意などに不快を感じるのは、そういう理由です。私は今後、そのような悪行や悪業《あくごう》とは逆方向にコトバの力を使います。善を行い、周りの人や事物の美点をほめ、美しさを讃《たた》え、感謝し、善意や好意や美を表現することで、自ら「善業」を創り出します。現象世界は「唯心所現《ゆいしんしょげん》」ですから、私がコトバの力を駆使《くし》して「善」の方向に心を動かせば、必ず善が現れてきます。それが心の法則であり、因果《いんが》の法則です。

ああ神さま、私は今、あなたが創られた実在世界の真・善・美を如実に感じます。瞑目《めいもく》して周囲の響《ひび》きを観ずるに、真なるもの、善なるもの、美なるものをアリアリと心に描くことができます。ですから、目を開けて周囲を見ても、真なるもの、善なるもの、美なるものを観通《みとお》すことができます。現象世界にそれがまだ充分映《うつ》し出されていなくとも、私は真・善・美の〝痕跡《こんせき》〟を見つけ、身《しん》・口《く》・意《い》のコトバの力によってそれを引き出すことができます。

それが私の喜びです。生き甲斐《がい》です。使命です。私の運命は、こうして善なる方向へ着々と形成されていくのです。

この真理を教え給う愛なる神さまに、満腔《まんこう》の感謝をささげます。ありがとうございます。

よい生活習慣を創り出す祈り

神はすべての実在を創《つく》られたが、中でも人間を御自身の「似姿《にすがた》」として創造されたのである。創造とは、独特のもの、前例なきもの、比類《ひるい》なきものを無から生み出すことである。神の似姿である人間は、だから神と同様に独特のもの、前例なきもの、比類なきものを生み出すことができるのである。神の無限の自由性が、人間には宿っている。その自由性が肉体的に表れたものが、大脳新皮質の発達である。これにより、人間は他の動物と異なり、自らの生活の仕方を自由に創造することができるのである。

自由な生き方は神の子・人間の特権である。しかし、我らはその自由を「神の子」として行使するのである。即ち、「神の子」にふさわしい知恵と愛と命に溢れた生活をするとき、我らは幸福と生きがいを感じるのである。「神の子」らしからざる生活をしているとき、我らは憂鬱《ゆううつ》と焦燥《しょうそう》を感じ、生活の改善を強く求める。もし貴方が自分の生活に不満を感じ、焦燥を感じているなら、生活習慣の改善から始めよう。

生活習慣は心が刻《きざ》む彫刻《ちょうこく》のようなものである。我らの一生は、生活習慣が築き上げる壮大な建築物である。「点滴《てんてき》石を穿《うが》つ」と言うが、我らは毎日、一時、一瞬の心の持ち方によって生活習慣を形成していく。そして、その生活習慣は「点滴石を穿つ」ように我らの人生の形を決定するのである。人生の成功も失敗も、だから我らがよい生活習慣をもつかもたないかで大きく決まるのである。

よい生活習慣は、神の知恵と合致するものである。人・時・処に適した効果的な道となるのである。よい生活習慣は、神の愛を表現するものである。生活に関係するすべての人々との一体感を増し、交流が深まるのである。よい生活習慣は、神の生命の流れと一致するのである。一つの動きが他の動きを妨げず、互いに助け合うような相乗効果を生み出すのである。よい生活習慣は、自然界の法則に合致《がっち》するものである。自然界には春夏秋冬があり、昼があり、夜がある。自然界のリズムは我らの肉体にも宿っている。人間の肉体には昼活動し、夜眠るというリズムがある。このリズムに反する生活習慣は法則から外れているのである。

よい生活習慣は、神の御心《みこころ》を体現するものである。神は「光」であるから、人生の光明面を見て、さらにそれを拡大することが神の御心《みこころ》である。人々の美点を誉《ほ》め、物事の中に真・善・美を認めて、それを引き出すコトバを使う習慣をつけよう。心で探し、口で讃え、体を使って表現しよう。我が内なる神の無限の創造力を駆使《くし》すれば、必ず我が独特のよい生活習慣が構築《こうちく》できるのである。我、神に感謝し奉る。有難うございます。

困難に戯《たわむ》れて明るく生きる祈り

神さま、私は今あなたの御前《みまえ》に跪《ひざまず》き、感謝の想いを捧げます——

「あなたが私を〝神の子〟として創られ、愛してくださることに心から感謝します」

「あなたが私を〝神の子〟として創られ、愛してくださることに心から感謝します」

私は〝神の子〟として神さまの愛に取り巻かれ、護《まも》られていることをアリアリと感じます。私は目の前の現象世界の出来事に心を奪われ、そのことを忘れかけていました。私は今、現象に生起しては消える様々な出来事から心を放ち、神さまの愛に包まれているという実相を強く心に観じます。神さまは「愛」です。「命」です。「与える力」です。「生かす力」です。「すべてを調和させる」知恵です。「すべてを生かす」叡知《えいち》です。その神さまの偉大な御徳《おんとく》に包まれている私には、何も不安なことはありません。焦《あせ》ることはありません。苦しむことはありません。

神さま、私は今そのことをあなたの御前《みまえ》で確認し、次のように唱えます――

「私はあなたの大いなる愛に包まれ、安らかに満たされています」

「私はあなたの大いなる愛に包まれ、安らかに満たされています」

もし私の前に困難が立ちはだかっているように感じられるならば、それは小さな肉体の私が、大きな壁《かべ》、頑丈《がんじょう》な障害物《しょうがいぶつ》、複雑不可解な機構、勝手無秩序な心のもつれ合いの前に独り放置されている、と私が考えるからです。それは、私の「考え」の産物です。そんな私は現象の私であり、〝神の子〟である本当の私ではありません。私は今、そのことを再確認します。

神さまの大いなる愛に包まれた私は、神さまの創造された大調和の世界、中心帰一の荘厳なる秩序の世界に今、生かされてあるのです。肉体の私は、本当の私ではありません。そんな私は、肉眼が仮に見せた虚像《きょぞう》であり、非実在です。本当の私は〝神の子〟であり、神さまの創られた大調和の実相宇宙の中で、すでにすべてと調和し、安らかに満たされています。「困難」と見えるものは、「我は肉体なり」という現象の〝色眼鏡《いろめがね》〟を通して見えているニセモノの姿です。

神さま、私は今そのことをあなたの御前《みまえ》で確認し、次のように宣言します――

「あなたの創造の中に生きる神の子・人間に、本来困難はありません」

「あなたの創造の中に生きる神の子・人間に、本来困難はありません」

一見「困難」と見えているものは、「我は肉体なり」との観念から生じた幻想《げんそう》に過ぎません。肉体を「我」と見れば、「自」と「他」とが分離しているとの差別感が生まれ、そこから「損得《そんとく》」の狭《せま》い考えが生まれます。しかし、実相において神さまの創造と一体である神の子・人間には、本当は「他」など存在せず、損も得もありません。すべてと一体であり、すべてと調和しているのです。神さまの創造は完全であり、神さまの創造されない世界は実在しません。この神さまの創造世界の実相に心を振り向けるとき、現象の困難は氷解《ひょうかい》します。

だから神さま、私はあなたの御前《みまえ》で次のように高らかに唱えます——

「私は神さまの創られたすべてのものと一体であり、大調和しています」

「私は神さまの創られたすべてのものと一体であり、大調和しています」

この「自他一体」の自覚を深め、その本来の姿を現象世界に表すことが私の使命であり、喜びです。その過程《かてい》が人生であり、また神生です。「神が生きる」ということは、我に内在する神だけが生きるのではなく、すべての存在に内在する神が表現されることです。その過程は時間と空間の序列にしたがって展開されますから、ただちに表現されるわけではありません。それは一見〝困難〟なように見えても、実相においてすでに在《あ》る真・善・美を表現する楽しく、やり甲斐《がい》のある創造活動です。孤軍奮闘《こぐんふんとう》の寂《さび》しい活動ではなく、すべての人々、すべての存在と協力して行う大運動の一端を、私は今担《にな》っているのです。

神さま、私はこの「神の国実現運動」の一員として、次のように祈ります――

「私はあなたの無限の知恵、無限の愛、無限の命を享《う》けながら、天地万物とともにあなたの御徳《おんとく》を表《あらわ》しつつあります」

「私はあなたの無限の知恵、無限の愛、無限の命を享けながら、天地万物とともにあなたの御徳を表しつつあります」

この貴《とおと》い人生と、あらゆる協力者と、無限の愛を与え給いし神さまに、心から感謝いたします。ありがとうございます。

捨てることで自由を得る祈り

我々が肉体生活を送るこの世界は、「得《え》ることで捨て」「捨てることで得る」世界である。「得る」ことも「捨てる」ことも自己表現の一部である。人間の受精卵《じゅせいらん》は、胎盤《たいばん》によって母親の子宮に位置を得ることで、地上における自己表現の場を獲得《かくとく》するが、その反面、霊界へもどる機会を捨てるのである。また胎児の細胞《さいぼう》は、神経や皮膚、心臓、骨格などの細胞に分化して、それぞれの細胞独特の能力を獲得するが、その反面、別の細胞に必要な能力を捨てるのである。こうして我々の肉体細胞は、得ることで捨て、捨てることで得ながら、「人体」というより高次で、より高度な有機体を表現するのである。

私がこの人体をもって、ある家庭に子どもとして生まれるとき、私はその家庭に付属する種々の恩恵《おんけい》を得ることになる。しかしその反面、別の家庭のもつ恩恵を受ける機会を捨てることになる。私が男としての肉体を持てば、女としての肉体を捨てることになる。私が日本人としての人生を生きようと思えば、インド人やドイツ人としての人生を捨てることになる。こうして人間は、成長にともなって数多くの選択を繰り返す。「選択」とは、得ることで捨て、捨てることで得る行為である。これによって、人間は一見不自由になるよう見えるが、逆に「個」としての自由を獲得するのである。

一本の木に彫刻《ちょうこく》をする際、切り倒したばかりの生木《なまき》は、どのような彫刻になる可能性ももっている。一塊《いっかい》の粘土《ねんど》から陶器《とうき》を作るとき、成型前の粘土は、どのような器になる自由ももっている。しかし反面、一本の生木、一塊の粘土には、取り立てて誉《ほ》めるべき個性はないのである。それは、一枚の白いカンバスにはどんな絵を描く自由と可能性がありながら、何の個性も、面白みもないのと似《に》ている。我々の人生は「表現の世界」であるから、「何ごと」でも表現できる可能性を捨てることが、「個性」を表す自由に結びつくのである。だから人生は、可能性の自由を捨てることで、表現の自由を獲得していく過程《かてい》とも言えるのである。これを「得ることで捨て、捨てることで得る世界」と言うのである。

しかし人間は、今の人生で獲得したものを、肉体の死に際してすべて捨てて逝《ゆ》くのである。これは、次の人生で新たな個性を獲得するために必須《ひっす》の手続きである。ここでは、「獲得した個性」を捨てる程度にしたがって、次生《じしょう》において「表現できる可能性」が多く得られるのである。しかし、現象世界では「業《ごう》の法則」が支配しているから、多くの場合、今生《こんじょう》での個性は完全には消失せず、次生においても形を変え、弱まり、あるいは別の方向に向かって継続《けいぞく》するのである。この場合の「個性」とは、肉体上の特徴や性格、人格などの現象的表現のことであり、表現を求めて転生《てんしょう》する魂の本性のことではない。人間の個生命は、現象的表現を多様に繰《く》り返しながら無限成長の道を歩《あゆ》むのである。

だから、我々人間の個生命にとっては、「捨てる」ことは「減《へ》る」ことではない。「神の子」であり「仏」である個生命の本体は完全円満であるから、物質的表現の一部あるいは全部が削れても、何も減るものはないのである。同じようにして、我々人間の個生命にとっては、「得る」ことは「増える」ことではない。神性・仏性たる個生命の本体はすでに完全円満であるから、付け加えねばならないものは何もないのである。ただ、現象世界における表現の一環《いっかん》として、得るべきものを得て、捨てるべきものを捨てるのである。得ることによって捨て、捨てることによって得るのが表現の世界である。だから私は、得ることに執着《しゅうちゃく》せず、捨てることにも執着せず、また同時に得ることに感謝し、捨てることにも感謝して、自由自在の境涯《きょうがい》を歩むのである。

この真理を示し給いし神さまに心から感謝し、今後の人生において「得る」ことに執せず、「捨てる」ことにも執せず、自由自在、我が内なる神の子の本性を表現していくことを誓います。ありがとうございます。

神の国の平和を喚《よ》び出す祈り

我はいま、神の国へと心の門を開くのである。神はすべてのものの創造主《つくりぬし》にてあり給う。神は宇宙のすべてを覆《おお》い、すべてを超越《ちょうえつ》し給うとともに、すべての真実在に内在し給うのである。だから、超越的、普遍的《ふへんてき》内在とも呼ばせて頂くのである。真実在は神そのものであるから、神に内部矛盾《むじゅん》がありえないように、真に存在するものの間に矛盾や撞着《どうちゃく》はあり得ないのである。

地球の誕生を考えよう。遥《はる》かなる昔、銀河系宇宙で巨大なガスの固まりが凝縮《ぎょうしゅく》され、その強大な圧力で核反応が起こり太陽が形成され、その爆発によって飛び出した物質の一部が地球になったと言われている。物質的側面から見れば、このような巨大エネルギーは「暴力的」とも「破壊的」とも形容できるが、その背後に矛盾や撞着があるのではない。一見破壊的な力の中からも、無限に多様な生命が共存共栄する〝緑の惑星〟が生まれたことを知れ。物質的な外観に目を晦《くら》まされて、その背後にある、物質を超えた神の創造の完璧《かんぺき》さを疑《うたが》ってはならぬ。

物質的外観から見れば、人間はみな個々バラバラで傷つきやすい存在である。走力も跳力《ちょうりょく》も腕力も、野生の動物に劣る。空を飛べず、水中に棲《す》めず、夜目がきかず、寒中では長く耐えられない。それらの不足は脳の発達により補われているが、脳はものの外観に左右されやすいのである。脳は世界の外観を見て、それを小さな部分に切り分け、部分と部分が孤立し、あるいは対立していると捉《とら》えやすい。部分と部分とは利害が一致しないと考えやすい。そこから警戒心、懐疑心《かいぎ》、敵対心が出てくるのである。神の国には調和と共存があるのに、人間の物質的認識は、そこに争いと対立があるように見る。ここから、現象世界のあらゆる争いや戦いが生れてくるのである。

自然界から、そのことを学ぼう。自然のことを我々は「山川草木《さんせんそうもく》」と呼ぶことがある。これは人間が、「山」から「川」を分離して捉《とら》え、「草」と「木」を別々に認識するなど、自然界を細かい部分に切り取って見る傾向があるからである。しかし、山川草木は本来「一体」となって自然を形成する。「山」から「川」だけを分離することはできず、山のあるところに川が流れる。山は大気の流れを変えて雲を形成し、雨が降ることによって川ができるのである。山と川は不可分である。また、山に雨が降れば、かならず草木が生える。

草木が繁茂《はんも》すれば、水分は地表から蒸発しにくくなり、地中にもぐって地下水となり、山腹《さんぷく》の所々で泉を噴出《ふんしゅつ》し、地下水脈は樹木を育てる。だから、川と草木は不可分である。草木が豊かに繁った山は動物を呼び、動物は草木の種を運んで植物の子孫を殖《ふ》やすのである。山の草木が豊かに育てば、大雨や暴風雨から山肌が護られ、川には魚介《ぎょかい》が繁殖《はんしょく》する。こうして、山川草木は「部分」として自己主張するのでなく、互いに助け合い、補い合うことで豊かな自然を生み出している。

人間もこのように個々人が自己主張して相手から奪《うば》うのではなく、互いに助け合い、補い合うことで地上に豊かさを生み出すように創造されているのである。他から奪うことで自己が利すると考えるのは、肉体を我とする物質的外観にとらわれた誤ったものの見方である。これが〝迷い〟であり〝罪〟

の原因である。この謬見《びゅうけん》から平和が破られ、争いや戦争が起こるのである。神の国にはすでに平和と繁栄があるのに、「自己は肉体なり」との人間の妄想が、「神の国」があっても見ず、警戒心、懐疑心、敵対心を起して、「人間界」という現象を自らの眼前に映し出すのである。神の国の実相は平和であるのに、人間の迷いが〝争いの世界〟を幻のように現出するのである。

我はいま、神の国へと心の門を開くのである。現象はなきなり、それはただ〝幻の世界〟なり。我が前にもし〝争いの世界〟が映《うつ》し出されているならば、それは「人間は肉体なり」との誤った認識が生んだ〝虚像〟であり〝仮相〟である。我はいま、「人間は霊なり」との真理をもってその虚像の扉を強く押し開く。我はいま「人間は神の子なり」との存在の実相をもって、迷いの扉を力強く押し退《の》けて、神の国へと厳《おごそ》かに進み行くのである。神の国の平和はすでに我が眼前にあり。これが実相である。我はいま、神の国の平和を魂の奥底で深く観ずるのである。神なる存在に内部矛盾がありえないように、神の創り給う真実存在の中に矛盾や撞着はあり得ないのである。すべての人間の実相は神の子なり。存在の実相は認め合いなり、助け合いなり、大調和なり。神はいまだかつて争いを創り給わず、戦争を創り給わず。したがって、神の国の平和は争いによって実現することはできない。

この真理を知らしめ給うことを、神に心より感謝いたします。ありがとうございます。

「病気本来なし」を自覚するために

病に観世音菩薩を観る祈り

病《やまい》は、神の創《つく》り給う本当の世界にはないのである。苦しみは、神の創造せる実相世界にはないのである。死は決して神の創り給いしものではないのである。病や苦しみや死が表《あらわ》れるのは肉体においてであるが、肉体は我が実相ではないのである。肉体は、この地上生活を送るための臨時的な〝宇宙服〟であり、仮構《かこう》である。我が肉体人生は百年を永きと感じることがあろうとも、神の創り給いし世界は無限時間であり、無時間である。時間の枠《わく》組《ぐ》みに縛《しば》られるものではない。空間の枠組みに縛られるものでもない。実相人間は神と一体であり、神である。その神が「無限」の内容を表現するために仮構したものが時間であり、空間である。神の無限を時間・空間面に表現するための道具が肉体である。だから肉体は有限なのである。

有限の肉体の背後に、無限の神と一体にして、神の無限内容を表現せんとする「本当の自己」があることを自覚せよ。この「本当の自己」の真の願いを自覚せよ。神の子・人間の求める「本当の自己」の生き方を自覚せよ。この自覚が曇らされ、肉体人間の自己保存、自己伸長、自己拡大の欲望に身を任せている時、内部神性の「本当の自己」が異議《いぎ》を唱《とな》えるのが病気であり、苦しみであり、死の恐怖である。病んでいるのは本当の自分ではない。苦しんでいるのは本当の自分ではない。死に怯《おび》えているのは本当の自分ではない。

病や苦しみや恐怖は、「肉体即《すなわ》ち我《われ》なり」と見る迷妄《めいもう》を崩《くず》さんとする「本当の自己」の台頭《たいとう》である。肉体人間の自覚が崩れつつある響《ひび》きである。迷妄の崩壊《ほうかい》を通して「本当の自己」が表れるのである。

迷妄が崩れるといっても、何か取り返しのつかない破壊《はかい》が起こるのではない。迷妄は真性の不自覚である。迷妄は神性の隠蔽《いんぺい》である。迷妄は無明であり、無智である。それが崩壊したとて、本当は何も壊れてはいない。本来そこにある真性が自覚され、神性が顕《あら》われ、神明《しんめい》が満ち、智恵が啓《ひら》けるのである。

肉体人間の損得勘定《そんとくかんじょう》を棄《す》てよ。肉体人間の欲望を棄てよ。肉体人間の執着《しゅうちゃく》を去れ。それが観世音菩薩《かんぜおんぼさつ》の教えである。観世音菩薩こそ「本当の自己」である。観世音菩薩こそ、すべての人々の真性である。我が〝宇宙服〟なりし肉体は、「本当の自分」が最も自由に表現されるとき、最高の機能を発揮《はつき》する。〝宇宙服〟は新品が必ずしも最高とはいえない。新品は魂に必ずしも密着せず、魂も新品を使い慣れない。「本当の自分」と密着し、使い慣れるにしたがって、〝宇宙服〟は最高の表現媒体《ばいたい》となるのである。病は、その最高の表現を教えてくれる観世音菩薩である。

我、自己の本性なる観世音菩薩に感謝し奉る。

内なる無限健康を自覚する祈り

私は今、内なる神の命に生かされている。内なる神の知恵に生かされている。内なる神の愛に生かされている。そのことを如実《にょじつ》に深く感じるのである。

人間は肉体ではないのである。肉体は、自己の内なる神の知恵と愛と生命の表現ではあるが、神の子・人間そのものではない。神の無限の生かす力が肉体の背後にあるが、人間の心が曇っているときには、その〝曇り〟が肉体に現《あらわ》れるのである。しかし、いかなる〝曇り〟が現れようとも、肉体の奥にある神の子・人間の無限健康にゆるぎはないのである。肉体を「我《われ》」と思うことなかれ。病《や》んでいる肉体を「我」と見ることなかれ。病患部《びょうかんぶ》を自分と同一視することなかれ。病患部は我にあらず、我以外の夾雑物《きょうざつぶつ》が本当の我の表出を妨《さまた》げているのである。そこから、本当の無限健康の我が表出してくる有様を見よ。心の中でアリアリと感ぜよ。その背後で動く、神の癒《いや》す力を信ぜよ。その力こそ我そのものである。

肉体は六十兆《ちょう》個以上の細胞《さいぼう》からなると言われるが、そんな多数のものが無意志、無目的で集まることはないのである。六十兆個が偶然《ぐうぜん》集まって、明確な意志のもとに一糸乱れぬ活動をするはずがないのである。その背後に、「我《われ》」の意識を超えた無限の知恵者が存在するのである。その知恵者の声を聴《き》け。その知恵者の希望を尋《たず》ねよ。その知恵者のおかげで、肉体の六十兆個の細胞は「我」が意識せずとも、「我」が睡眠中も、調和・統一して活動を続けている。その無限の知恵者に語りかけよ。その無限の知恵者を信頼せよ。その知恵者こそ神の子・人間であり、我の本体である。肉体の「我」のこだわりを放ち、肉体の「我」の憎《にく》み、恨《うら》み、憂鬱《ゆううつ》、焦燥《しょうそう》の感情を放棄せよ。肉体の「我」にこだわる者は肉体を超えることあたわず。肉体の「我」のために他者を憎み、恨み、憂鬱となり、焦燥する者は、肉体・我の束縛《そくばく》から解かれない。無限の知恵者の存在を信じて肉体の「我」を超克《ちょうこく》するとき、初めて神の子の無限健康の自覚に至るのである。

我は六十兆個の細胞にあらず、その支配者にして調律者《ちょうりつしゃ》なり。我に神の無限の知恵があるなり。無限の愛に満ち溢《あふ》れるなり。無限の生命が鼓動《こどう》するなり。我いま肉体・我の執着を去り、肉体・我の境界を超越し、すべての人々とともに神の無限の生かす力を呼吸し、すべての生物とともに無限の神の愛を分ち合い、すべての存在と調和する神の無限の知恵を受け入れるなり。我は神と一体なり。我は人々と一体なり。我と天地とは大調和なり。我、今ここに神の子の無限健康を享受《きょうじゅ》するなり。肉体はその無限健康を表出するなり。六十兆の細胞はそれを表現するなり。我は神に生かされてあり。我は人々に生かされ、すべての生物に生かされてあるなり。我は、神の無限健康の表現口なり。

我、神とすべての人々とすべての存在に感謝し奉る。ありがとうございます。

内在の生命力を引き出す祈り

神さま、私は今あなたの御前《みまえ》に座してあなたと共にいることを感じます。私はあなたの子――神の子です。あなたの無限の生かす力を分かち与えられた、幸せな神の子です。私は今あなたの無限の生命力を分かち与えられ、生きつづけていることを感じます。私の肉体は一見、物質のように見えていますが、あなたの命が湧《わ》き出《い》でる霊の噴出口《ふんしゅつこう》です。物質を補給して活動しているように見えていても、あなたの命が私から噴出し、大宇宙を循環《じゅんかん》してもどってくる巨大な命の還流《かんりゅう》が、部分的にそう見えているだけです。私はあなたの偉大なる生命の重要な一部を構成していますから、あなたの被造物《ひぞうぶつ》であるすべての存在と一体であり、調和して生きているのです。心身ともに健康であり、すべての人々と調和しているのが本来の私です。

私にもし生命力が不足し、肉体のどこかが侵《おか》され、あるいは故障しているように見えるならば、それは私が神さまの御心《みこころ》を忘れ、本来大調和の神さまの創造《つく》られた世界を見ず、観《かん》ぜず、私自身を肉体的存在とする迷妄《めいもう》のおかげです。私は今、あなたの御前《みまえ》に座し、あなたの御心を深く観ずることにより、その迷妄から醒《さ》め、本来の健康完全円満なる神さまの命――神の子としての私の命を自覚します。私は宇宙の大生命と一体です。すべての存在を大調和にあらしめている神の命の重要な一部です。

神さま、私は今あなたの御前《みまえ》に座してあなたの無限の生命力を私の内に感じます。現代医学が教える免疫系《めんえき》は、あなたから分かち与えられた無限生命力の一部です。それは私が何も意識しなくても、外敵の侵入を排除《はいじょ》し、有害物質を除去し、欠陥細胞《けっかんさいぼう》や癌《がん》細胞を見つけて体外へ排出してくれます。現代医学はまた、免疫系が活性化するには「調和の心」「感謝の心」が必要であることを教えています。「怒《いか》る心」「憎《にく》む心」「人を害する心」が、免疫系を弱めることを教えています。私は今、この機能が完全に発動することが神さまの御心であると感じます。神さま、あなたが私に本来健康に生きる力を与えてくださっていることに感謝いたします。その力を妨げているものがあれば、それは「われは肉体なり」の迷妄です。その迷妄が、自と他との間に心の垣根《かきね》をつくり、対立関係を生み出し、呪詛《じゅそ》、怨恨《えんこん》、憤怒《ふんぬ》の心を間違って起すことで、本来健康である人間の生命力が正しく表出しないのです。私はこのことを自覚し、神さまの本来完全健康なる生命力の表出を妨げる心を起さないことを誓います。

神さま、ありがとうございます。私は今、あなたの御前に座して、本来完全健康なる大調和の世界の実相を観じます。神さまは完全にして、神さまの創《つく》られたすべての存在は完全です。「完全」という意味は、互いに侵《おか》し合ったり、傷つけ合ったり、殺し合ったりしないことです。神さまの世界は大調和しているから完全なのです。神示にあるように、私が「黴菌《ばいきん》や悪霊に冒《おか》されたりするのは天地一切のものと和解していない証拠」ですから、私は存在のすべてと和解します。こらえたり我慢《がまん》するのではなく、心の奥底から和解します。和解するとは、感謝することです。その和解と感謝の中から、神さま、あなたの無限の生命力が私において表出します。免疫系は活性化し、本来の自然治癒力を発揮し、有害な微生物《びせいぶつ》や毒素は消え、不完全な細胞や癌細胞は速やかに無力化して体外へ排出されます。

神さま、私は今あなたの生命力が私の内部で沸々《ふつふつ》とたぎるのを感じます。私の内部に、神さまの大調和の世界が形成されつつあることを感じます。それが神の子としての、私の本来のすがたです。本来のすがたが顕《あら》われるのに力む必要はありません。私はただ、あなたの無限の知恵と愛と生命力に信頼して、神さまの命と結ばれた本来の健康が表現されることを心の中でアリアリと感じます。私の命は神さまと一体です。神さまの命が私の生命力です。このことを知らしめ給うたことを、神さまに深く、篤く感謝いたします。ありがとうございます。

「肉体なし」の真理を自覚する祈り

人間は神が「自己実現」として創造された「神の子」である。神は大生命であり、無相《むそう》であり無限相《むげんそう》である。一定の形をとらざるが故に、無限の形をとりうる全包容的な永遠の生命である。その「自己実現」として生まれた人間は、物質であるはずがないのである。無限生命が自己実現すれば無限生命となる。それが仮に「肉体」のように見えているのは、我々の五官を通して脳が作りだす仮構《かこう》であり、虚構《きょこう》であり、仮の姿である。実在は変化しないで在《あ》り続けるが、仮構はキャンプ場のテントのように、その時、その場に、仮に作られる。だから、天候が変われば形を変え、川の流れを見て移動し、用がすめば撤去《てつきょ》される。我々の肉体も刻一刻、変化し続けていることを知れ。科学者はそれを新陳代謝《しんちんたいしゃ》と呼び、「皮膚《ひふ》は一ヵ月ごとに、胃の内層は四日ごとに、食物とじかに接する胃の表面は五分ごとに新しくなる」と教えている。

肉体を構成する物質原子の九八パーセントが、一年前にはそこに存在しなかったことを知れ。もし貴方が肉体そのものならば、貴方は一年前とまったく別人でなければならない。それが「肉体あり」という迷妄《めいもう》の意味である。貴方が一年前の自分と今の自分が同一の人間だと確信できるなら、「肉体なし」を確信せよ。肉体はかくの如く仮構であり、仮の姿であるが、だからといって価値なきものではない。肉体は、貴方の生命が今、まさに現象世界に表現されつつある「生命の噴出口《ふんしゅつこう》」である。いや、単なる「穴」ではなく、太古《たいこ》から受け継《つ》いだ遺伝《いでん》情報を使って、神の子の生命を表現せんとする精《せい》密《みつ》、精巧《せいこう》、不可思議な〝宇宙服〟である。「自分の肉体」と仮に言うけれども、その「自分」がまったく知らないうちに、大気中の酸素を燃やしてエネルギーとし、血液を浄化し、飲料や食物を消化して栄養素に変え、黴菌《ばいきん》と戦い、傷を癒《いや》し、老廃物《ろうはいぶつ》を尿に変えている。そんな複雑・精巧な機構を「自分」が作ったと思うか。

だから、貴方の肉体は、物質のみでできあがった文字通りの「肉体」ではない。その背後に、目に見えない叡知《えいち》があり、無限の生命があり、無限の愛がある。それは「自分」という個人の独占物ではない。それは、すべての人類と共通する〝地球規格〟をもちながら、貴方《あなた》独自の特徴《とくちょう》と性能を発揮するよう調整された〝最高の道具〟である。昨日一日、この道具が立派に機能してくれたことに感謝しよう。それは「自分」が機能したのではなく、人類・先祖の生命が構築《こうちく》してくださった〝最高の道具〟が機能したのである。自分はそれをただ「使わせていただく」のである。神の生命と、人類・先祖の生命の作品を今、仮に使わせていただいているのである。貴方の人生は、神と人類・先祖の「自己実現」である。だから貴方は、自分の肉体を「肉体的自己」の目的にのみ使わないのである。必ず人類共通の喜びのため、特に、神の御心にかなう目的のために使うのである。それが却《かえ》って自分の喜びだと知ることが人生の目的であり、「肉体なし」の本当の意味である。

このことを教示し給う神に、無限の感謝を捧げ奉る。有難うございます。

日々刻々新生を自覚する祈り

「人間は神の子である」という教えの意味は、あなたは心の力によって肉体や環境や運命を自《みずか》ら形づくるということである。あなたは、肉体・環境・運命の〝受け手〟ではなく〝創《つく》り手〟である。だから、毎日が同じことの繰《く》り返しであると感じるのは、錯覚《さっかく》である。毎週同じ曜日が来ると思うのは、錯覚である。毎年同じ休日が来て、同じ行事があると思うのは、錯覚である。妻や夫の顔が毎日同じだと思うのは、錯覚である。学校や会社の同僚《どうりょう》が同じ気持だと思うのは、錯覚である。それらは肉体の感覚が捉《とら》えた大雑把《おおざっぱ》な印象であり、あるいは社会が決めた仮の枠組《わくぐ》みにすぎない。

「現象は常に遷《うつ》り変わる」と教えられていることを忘れるな。現象は常に変わるのだ。変わらないのは、その奥にある実相のみだ。現象を実相のごとく堅固《けんご》不変だと考えてはならない。一週間前に、あの人が自分を憎《にく》しみの目で見たということは、その人が今日も同じ心であることを意味しない。「憎しみ」は、あなたの心が映《うつ》し出した現象であり、実相の完全性とは相容《あいい》れない。それは迷いであり、非実在であり、消えゆく存在である。にもかかわらず、今日も彼（彼女）が同じ憎しみを抱いているとあなたの心が信じれば、その憎しみは、あなたの心の力によって再び現象の彼（彼女）の上に映し出されるのである。それが心の法則である。因果《いんが》の法則である。

神の子は常に新生し、仏は無数の現象身を現しつつ衆生《しゅじょう》を導くのである。

しかし、神の子や仏に憎悪《ぞうお》や敵意、嫉妬心《しっとしん》はない。在《あ》るのは「神の心」だけであり「仏心《ぶつしん》」のみである。にもかかわらず、あなたの好まない「憎しみ」や「敵意」や「意地悪《いじわる》」を自ら現象させることは、愚《おろ》かなるかな。実在でない偽象《ぎしょう》を映し出すことは愚かなるかな。偽象は必ず崩《くず》れ去るのに、偽象をもって「これが彼（彼女）の本心だ」と信じることは、愚かなるかな。それは、神の創造になる完全世界への不信仰であり、悉有仏性《しつうぶつしょう》への不信心である。すべての人間は「神の子」であるという教えを忘れるなかれ。人間の本心は「仏」であるとの信仰を棄《す》てるなかれ。

現象が常に遷《うつ》り変わるということは、あなたの肉体も常に変化し続けているということだ。言葉を換《か》えれば、あなたの肉体は常に新生しているのだ。それを認めずに、昨日と同じ肉体が今日もあると思うものは、新生した細胞を昨日の肉体と同じ状態に閉じ込めようとしているのである。一年前と同じ肉体の自分がいると思うものは、一年前のシミや故障《こしょう》や機能不全を再生させようとしているのである。肉体の免疫系《めんえきけい》は神の癒《いや》す力の発現であるから、あなたの心が「迷い」によって抑えつけない限り、シミや故障を修復《しゅうふく》し、機能を健全化させるために常に働いているのである。ある科学者の試算では、人間の肉体を構成する原子は一年間で九八パーセントが入れ替わる。外界と接する部分の更新は特に顕著《けんちょ》であり、胃の内側の粘膜《ねんまく》の細胞は五分ごとに入れ替《か》わり、皮膚《ひふ》の表皮細胞は一ヵ月で交替し、堅固《けんご》に見える骨でさえ三ヵ月でその原子は更新される。これが新陳代謝であり、肉体が常に変化し新生している証拠である。

こうしてあなたの現象の心は変化し、物質としての肉体も変化することが分かれば、現象世界は日々刻々変化しつつ、新生を待っていることが分かるだろう。新生のための青写真は、あなた自身の心である。あなたが〝古い自分〟こそあなただと信じれば、〝古い自分〟が新しく作られるのである。あなたが〝古い自分〟から目覚めて〝新たな自分〟へと向おうとすれば、〝新たな自分〟が創られるのである。あなたの自覚一つによって、日々刻々繰り返される変化は、「新生」へと歩み始めるのである。だから、「人間は神の子である」との信仰は、新生のための最も重要な一歩である。神の子は「生み出す力」を自らもっているのだから、自ら新生しているのである。

あなたは、神の無限の多様性を内に蔵《ぞう》した神の子であるから、どのような方向へも新生し得るのである。あなたは、仏の大慈悲《だいじひ》を内に蔵するのであるから、どのような人をも赦《ゆる》せるのである。赦すことは、執着《しゅうちゃく》を放つことである。執着を自ら放つことで自由が訪れる。そしてあなたは新生するのである。
神の無限の愛、仏の大慈悲に深く感謝し奉る。ありがとうございます。

本書の本文には、適切に管理された森林の木材から製造された用紙を使用しています。

本書の益金の一部は森林の再生を目的とした活動に寄付されます。

日々《ひび》の祈《いの》り
神・自然・人間の大調和を祈る

2007年 3月1日 初版第1刷発行
2021年 3月1日 初版第9刷発行

著　者　谷口雅宣《たにぐちまさのぶ》
発行者　磯部和男
発行所　宗教法人「生長の家」
山梨県北杜市大泉町西井出8240番地2103
電　話（0551）45-7777　http://www.jp.seicho-no-ie.org/
発売元　株式会社　日本教文社
東京都港区赤坂9丁目6番44号
電　話（03）3401-9111
FAX（03）3401-9139
頒布所　一般財団法人　世界聖典普及協会
東京都港区赤坂9丁目6番33号
電　話（03）3403-1501
FAX（03）3403-8439
印　刷　凸版印刷
製　本　牧製本

落丁・乱丁本はお取替えします。
定価はカバーに表示してあります。
©Masanobu Taniguchi, 2007　Printed in Japan
ISBN978-4-531-05921-8

“新しい文明”を築こう　谷口雅宣監修　生長の家刊　本体1273円
上巻　基礎篇「運動の基礎」
生長の家の運動の歴史を概観する文章を掲載するとともに、生長の家の運動の基礎となる信条、指針、シンボル、方針、祈り、運動の基本的な考え方などを収録した、生長の家会員必携の書。

“新しい文明”を築こう　谷口雅宣監修　生長の家刊　本体1273円
中巻　実践篇「運動の具体的展開」
人類が直面する地球環境問題などから、現在の文明の限界を指摘し、自然と人間が調和した“新しい文明”を構築する具体的方法を提示。併せて生長の家の祭式・儀礼の方法を収録。

大自然讃歌　谷口雅宣著　生長の家刊　本体1429円
生物互いに生かし合っている自然界を讃嘆し、“自然即我”の実相に目覚めしめる長編詩を日常の読誦に適した、布装・折本型の経本として刊行。総ルビ付き。

観世音菩薩讃歌　谷口雅宣著　生長の家刊　本体1619円
“生長の家の礼拝の本尊”とされる「観世音菩薩」の意味と生長の家の教えを縦横に解き明かした長編詩を、布装・折本型の典雅な経本として刊行。総ルビ付き。

万物調和六章経　谷口雅春・谷口雅宣著　生長の家刊　本体741円
万物調和の自覚と“ムスビ”の働きによる自然と人間が大調和した世界実現への祈りが深まる６篇の「祈り」を手帳型の経本として刊行。総ルビ付き。

聖経版 **真理の吟唱**　谷口雅春著　日本教文社刊　本体1500円
あなたが、悩み、悲しみ、そして病める時、常に正しい想念を心に把持し続けるにはどうしたらよいのか？　本書の祈りの言葉を選び日々これを朗誦すれば光明生活が実現する。

聖経版 **続真理の吟唱**　谷口雅春著　日本教文社刊　本体1429円
住吉の大神を讃える十の祈りなど、霊感によって綴られた真理の御言葉を毎日読誦することにより、“言葉の力”で読む人の潜在意識は浄まり、人生が大きく変革されるであろう。

株式会社　日本教文社　〒107-8674　東京都港区赤坂9-6-44　TEL（03）3401-9111
各本体価格（税抜き）は令和３年２月１日現在のものです。